Enigma do incesto

Da fantasia à realidade

Laure Razon

Enigma do incesto
Da fantasia à realidade

TRADUÇÃO
Procopio Abreu

REVISÃO
Sandra Regina Felgueiras

EDITOR
José Nazar

Companhia de Freud

Título Original
Énigme de L'inceste – du fantasme à la réalité

Direitos de edição em língua portuguesa adquiridos pela
Editora Campo Matêmico
Proibida a reprodução total ou parcial

Editoração Eletrônica
FA - Editoração Eletrônica

Tradução
Procopio Abreu

Revisão
Sandra Regina Felgueiras

Editor Responsável
José Nazar

Rio de Janeiro, 2007

FICHA CATALOGRÁFICA

R218e

Razon, Laure
Enigma do incesto : da fantasia à realidade / Laure Razon ; tradução Procópio Abreu ; revisão Sandra Regina Felgueiras. - Rio de Janeiro : Cia de Freud, 2007.

Tradução de: Énigme de l'inceste : du fantasme à la réalité
Anexos
Inclui bibliografia

ISBN 978-85-7724-016-6

1. Incesto. 2. Incesto - Estudo de casos. I. Título.

07-0255. CDD: 616.85836
CDU: 616.89-008.442.38

Companhia de Freud
editora

Endereço para Correspondência
Rua Barão de Sertório, 57 - casa
Tel.: (21) 2293-7166 • (21) 2293-9440
Rio Comprido - Rio de Janeiro
e-mail: ciadefreud@ism.com.br

Índice

Introdução

A realidade de um incesto, assim como sua encenação (*Hamlet* e *Édipo-Rei*, entre outras), desperta em nós sentimentos e emoções que tocam particularmente no que em nós está recalcado.

A questão do incesto abala nossas referências, já que ele faz passar do outro lado do interdito, no avesso das palavras. A palavra "incesto" ressoa diferentemente para uma vítima e para um pesquisador. No entanto, da mesma forma que a morte, ela faz parte de um léxico que remete cada um de nós ao registro do inominável e do impensável. Se a própria palavra é tabu, é por conter em seu sentido mais profundo a noção de impureza. Como se pronunciá-la de certo modo significasse realizá-la. *Incastus*, "não casto", significa que foram consumadas "relações sexuais entre um homem e uma mulher, pais e aliados, num grau que acarreta a proibição do casamento"[1]. Definir assim o incesto pressupõe um tipo único de passagem ao ato: entre dois adultos consangüíneos e de sexo oposto. Implicitamente, essas alianças são consideradas inconcebíveis pois comportam um risco de degenerescência para sua descendência. Duas observações se impõem: a primeira relativa ao termo casamento. O Código Civil decerto rege as alianças possíveis e proibidas entre pais, mas isso unicamente quando um

[1] Le Robert, *Dictionnaire de la langue française* (tome V), Paris, éd. Le Robert, 1987, pp. 468-469.

casal vai ao cartório ou à igreja. O incesto, este, acontece fora da lei, entre as quatro paredes do lar, onde jurisdição alguma tem valor. A segunda observação decorre naturalmente: desde sempre, a criança foi a presa privilegiada das perversões de adultos, as quais não se limitam exclusivamente às relações sexuais. Com efeito, o incesto é um ato que infringe a intimidade corporal e psíquica de um indivíduo. Uma simples carícia basta.

Definiremos, pois, o incesto como um ato de transgressão cometido sobre o corpo de uma pessoa com a qual existe uma relação de parentesco jurídico ou psíquico, isto é, um vínculo de sangue e/ou um vínculo simbólico.

Embora, na história da humanidade, existam variações quanto ao grau de proibição conforme as épocas e conforme a história de cada civilização, por toda parte encontramos uma constância do interdito. Assim, "no Ganda e em certas regiões da África, em Madagascar, na Polinésia e no Peru, os casais entre irmãos são admitidos em certas castas"[2]; ao oposto, "na China, o incesto consiste em se casar com uma pessoa com o mesmo nome, sem levar em conta o parentesco ou não"[3]. O interdito é universalmente colocado entre pai-mãe e filhos. "No estado atual de nossos conhecimentos, todas as sociedades proíbem a união do pai e da filha, da mãe e do filho"[4]. Por outro lado, "certas sociedades, embora proíbam o incesto, toleram e até estimulam a união incestuosa dos membros de certas classes sociais, de certas corporações ou de certas confrarias. Em geral se trata de união no interior de famílias de príncipes ou famílias aristocráticas"[5]. A essência de uma dinastia se caracterizaria pela perpetuação de um sangue não "abastardado" através da união com um indivíduo que não pertencesse à nobreza. A pureza da linhagem passa pela reprodução e pela transmissão de um sangue "idêntico". Assim, a nobreza européia multiplicou os casamentos entre famílias de príncipes, todas aparentadas ao Reino da Inglaterra. Numa mesma linhagem, entre primos, alianças deram descendência entre

---

[2] J.-Cl. Boudaille, *Les Enfants issus de relations incestueuses. Étude synthétique et apport de douze observations*, Thèse de médecine, Nancy I, 1974, p. 7.

[3] *Ibid.*

[4] M. Panoff e M. Perrin, *Dictionnaire de l'ethnologie*, Paris, P.B.P., 1973, p. 139.

[5] *Ibid.*, p. 140.

os Habsbourg e os Bourbon. A referência antropológica mais conhecida é a da linhagem dos Ptolomeus no antigo Egito. O ritual das famílias impunha a união incestuosa entre a filha mais velha e seu irmão. Assim, em treze faraós, sete se casaram com a irmã; Cleópatra, vinda de doze gerações de incesto, casou-se sucessivamente com seus dois irmãos caçulas. Os faraós assim como os incas se proclamavam divinos. A exemplo de seus "primos" gregos, um mesmo prazer os diferenciava dos mortais: o acesso ao gozo incestuoso.

A antiga nobreza havaiana também unia irmãos e – caso excepcional –, entre os azandes da África Central, os nobres se casavam com a própria filha. Entretanto, como observa J.-Cl. Boudaille, "temos que admitir que, apesar da impossibilidade de um estudo global, as crianças vindas de relações incestuosas representam um grupo de alto risco, em particular para a mortalidade, as anomalias e o atraso mental"[6]. Pode-se então estabelecer um certo vínculo entre o aspecto biologicamente mortal do incesto, a morte mais ou menos lenta de uma sociedade e a morte psíquica de suas vítimas. Para além da questão do desejo ou da tentação incestuosa, a instauração do interdito coloca a questão do vínculo entre incesto e morte. Mas, sobretudo, o que intriga é o que se poderia chamar de paradoxo original: as uniões incestuosas engendraram a vida no Gênese mas incitam à morte todo aquele que tenta essa volta à origem. Tomar-se pela origem é marcar encontro com a morte.

Se um incesto pode engendrar a vida, a morte e a castração sublinham o grau altamente mortífero de tal união. Numerosos mitos ilustram isso muito bem. Em *Édipo-Rei*, há não só uma automutilação, um suicídio e um assassinato, mas o corpo social por inteiro morre de peste. Aqui se ligam o individual e o social.

No Antigo Testamento, o episódio incestuoso cujo aspecto vital é ressaltado é o de Ló e suas filhas. Fugindo de Sodoma, Ló se refugia com as duas filhas numa grota. A mais velha diz à caçula: "Nosso pai está velho e não há homem na região para chegar a nós, conforme o uso de toda a terra. Vamos! Fartemos nosso pai de vinho, deitemos com ele e façamos sobrevi-

---

[6] J.-Cl. Boudaille, *op. cit.*, p. 12.

ver a raça através de nosso pai!"[7]. Cada uma teve um filho: Moab e Amon, dando assim nascimento a dois povos, os moabitas e os amonitas.

Existem outras uniões incestuosas na Bíblia: Abraão casou-se com sua meia-irmã Sara; Jacó uniu-se sucessivamente a suas duas primas, Raquel e Léa, com o consentimento do tio. O Levítico condena em seguida todas as uniões incestuosas. Ele enumera as uniões proibidas:

A nudez de teu pai e a nudez de tua mãe, não as descobrirás [...]

A nudez da filha de tua irmã, filha de teu pai ou filha de tua mãe, não a descobrirás: é a nudez de teu pai.

A nudez da filha de teu filho ou da filha de tua filha, não as descobrirás, pois são a tua nudez. [...]

[...] Seria impudicícia[8].

Essa nudez que o olhar não deve ver nos remete a Adão e Eva e ao pecado original: descoberta do corpo sexuado.

A pureza não parece poder conservar-se quando um olhar parental pousa sobre o corpo de uma criança, sujando para sempre sua vida secreta. O mandamento "não descobrirás a nudez" é universal: o interdito do incesto está no seio de todas as sociedades modernas e primitivas. Essa proibição, assim como a do assassinato, funda e estrutura a organização social, o processo de humanização e de individuação, isto é, o nascimento do sujeito humano. O apoio na lei protege do caos que reina no mundo do incesto. Se o ato é condenável em praça pública ou entre as quatro paredes dos tribunais, é necessário ir além do julgamento moral a fim de entrever o que está inconscientemente em jogo numa família incestuosa. É o que tentaremos fazer pondo palavras no inominável e no irrepresentável.

Partindo de um fenômeno social que interroga os cientistas, os juristas e os psicanalistas, decidimos abordar a questão do incesto sob o ângulo de uma psicologia a um só tempo clínica e social. Nossa reflexão baseia-se na exploração de cinqüenta e dois casos julgados por fatos de caráter incestuoso.

---

[7] La Bible, L'Ancien Testament, 19, Paris, Gallimard, 1956, p. 60.

[8] Lévitique 18, *op. cit.*, p. 259.

As raízes de um incesto situam-se na singularidade de uma história parental na qual a fragilidade dos vínculos leva, quando a criança aparece, a anulá-la de sua filiação. Por que a violência incestuosa aparece como um meio de gerar o conflito materno e paterno? O que é que cria, mantém e interrompe uma relação incestuosa no seio de uma família?

Nossa primeira hipótese é que o incesto revela uma disfunção em relação à lei: ele resulta de um defeito de diferenciação dos lugares e dos papéis de cada um no seio do lar familiar. Sem a lei organizadora, confusão e repetição surgem de uma geração a outra. Existiria, portanto, uma psicopatologia comum a cada um dos membros da família, mas que se manifestaria de modo diferente para cada um.

A segunda hipótese prolonga a primeira. Com efeito, pensamos que, se o interdito do incesto não se afigura estruturante não só para uma família, mas também para cada um de seus membros, é por ter sido rejeitado desde a origem (desde a infância), sendo percebido, exclusivamente, em sua função separadora. Cada um, pai, mãe, filha, luta ferozmente contra tudo o que separa. Essa resistência à separação se explicaria pela emergência de angústias não domináveis, próximas das angústias de morte. O sistema incestuoso se fundaria em torno dessa angústia, prejudicando o desenvolvimento psíquico e o processo de individuação.

As origens desse mecanismo patológico com certeza estão num vivido arcaico de desamparo psíquico. A mãe se teria apresentado prematuramente à criança como frustrante e mortífera em excesso. As angústias decorrentes dessa situação traumática consolidariam uma fixação oral.

Assim, a organização incestuosa visaria lutar contra a angústia de separação e manter a ilusão do paraíso prematuramente perdido ou do qual não se aproveitou o bastante. A família cairia no que chamaremos o paradoxo incestuoso: ali onde se situa a vida (a separação), entrevê-se a morte. Para essas famílias, a vida se passa mais numa relação fusional com a mãe arcaica que numa relação com o Outro.

Nossas hipóteses emanam de uma reflexão sobre um campo de pesquisa particular, o palácio de justiça de uma cidade francesa. Foi nessa jurisdição que pudemos trabalhar em dossiês julgados por fatos de caráter incestuoso.

Se o Código Civil (art. 161 a 163) distingue as alianças possíveis das alianças impossíveis conforme o grau de parentesco, o Código Penal, este, e diferentemente do direito canônico, não inscreve o incesto como um ato condenável que teria a ver exclusivamente com um artigo preciso da legislação francesa. Assim, os juízes condenam a transgressão do interdito do incesto no quadro das circunstâncias agravantes definidas pelos artigos 331 a 333 do Código Penal, relativos aos atentados ao pudor e aos estupros; isto é, quando os atos foram cometidos por um ascendente ou por uma pessoa com autoridade sobre a criança. O que diferencia o atentado ao pudor – delito julgado no tribunal correcional – do estupro – crime julgado no tribunal do júri – é o grau da infração e, no caso presente, a questão é saber se houve penetração sexual ou não. A lei de 23 de dezembro de 1980 dá uma definição precisa do estupro: "Todo ato de penetração sexual, seja de que natureza for, cometido sobre a pessoa de outrem por violência, constrangimento ou surpresa"[9]. No que diz respeito aos atentados ao pudor, só "a jurisprudência permite entender o que deve ser considerado toque suscetível de ferir a natureza de outrem. Trata-se, em geral, de toques nas partes sexuais"[10]. Entretanto, constatamos que nem todo estupro passa necessariamente para o tribunal do júri, nem todo atentado ao pudor para o correcional. O procedimento depende do teor do dossiê e, sobretudo, da apreciação formulada pelo juiz que instrui o processo.

A história dramática de cada uma dessas famílias vai se revelando ao longo das páginas de um dossiê por vezes muito pesado. Trabalhamos sobre o conjunto dos depoimentos feitos sucessivamente durante o procedimento judiciário. Nosso *corpus* remete a três espécies de discursos:

– o depoimento numa delegacia; é nesse lugar que mais nitidamente se expressa a psicopatologia latente de cada um dos protagonistas da família incestuosa;

– as declarações ao juiz; aqui a presença dos advogados às vezes orienta os depoimentos, principalmente os dos réus;

– o último emana das perícias psiquiátricas.

---

[9] Code Pénal, Paris, Dalloz, 1990, art. 332.

[10] J.-L. Vupras, *Réponse médico-judiciaire à 256 plaintes d'attentats sexuels*, Thèse de médecine, Lyon, I, 1981, p. 9.

A amostra de população sobre a qual trabalhamos comporta casos de incestos não só denunciados, o que está longe de ser a maioria, mas que chegaram ao fim: um processo, um julgamento e uma condenação. A complexidade do aparelho judiciário francês associada ao debate interno suscitado por esse tipo de assunto leva inelutavelmente certas vítimas, frágeis demais ou insuficientemente apoiadas, a abandonarem suas acusações. Escolhemos restringir nossas investigações a um período de quatro anos de julgamentos, de 1987 a 1990, e nos interessamos apenas pelos casos que se referiam a uma filha vítima de incesto; examinamos, assim, um total de cinqüenta e dois casos[11].

Por conseguinte, os resultados de nossos trabalhos não devem ser interpretados abusivamente, isto é, como se refletissem o conjunto da problemática incestuosa.

A fim de explorar uma massa importante de documentos, criamos uma grade de análise orientada em torno de três pólos: o abusador, a vítima e a mãe da vítima[12].

---

[11] Foram respeitados o anonimato e a mudança de certos dados relativos às famílias apresentadas.

[12] Ver anexos.

Primeira parte

Entre lei e normalidade: as raízes de um desvio

Evolução da lei

Até a Revolução Francesa, enquanto a Igreja exerceu um poder sobre o Estado, o incesto figurava em letras de fogo no direito canônico. A condenação não distinguia vítima de culpado; como os dois protagonistas haviam pecado, "o homem era enforcado e a mulher enterrada viva"[1]. A sujeira consumava a fusão, já que estava escrito "fareis apenas uma única carne". A partir da instituição do código Napoleão, não se menciona mais o incesto como um crime específico.

Os abusos sexuais cometidos contra crianças estão atualmente relacionados com os atentados ao pudor ou os estupros e, mais amplamente, com as agressões sexuais. A pena aumenta quando a vítima tem menos de quinze anos, idade a partir da qual, segundo a lei, a criança se torna responsável por sua própria sexualidade. "Abaixo de quinze, fica claro que o consentimento ou a falta de resistência é desprovida de valor. A violência é presumida, considerando-se que *a priori* os jovens de menos de quinze anos não têm o discernimento desejado para dar um consentimento livre e sério"[2]. Entretanto, um vazio jurídico subsiste quanto à pessoa maior: "É possível daí deduzir que um pai pode ter livremente relações sexuais com

---

[1] O. de Tissot, "L'inceste", in *La Liberté sexuelle et la loi*, Paris, éd. Balland, 1984, p. 180.
[2] J.-L. Vupras, *op. cit.*, p. 12.

seus filhos quando estes se tornarem maiores"[3]. Com efeito, só os atos sofridos antes dos dezoito anos podem ser julgados.

O movimento social, e mais especificamente o movimento feminista, desempenhou papel preponderante na disposição da lei de 23 de dezembro de 1980 relativa aos estupros. Atualmente, os atos incestuosos estão condenados no quadro dos artigos 331 a 333 relativos aos atentados ao pudor e ao estupro. Embora o termo incesto esteja ausente do Código Penal, este último enumera circunstâncias agravantes quando o abuso sexual for cometido por um ascendente legítimo, natural ou adotivo, ou por pessoa que tenha autoridade. O legislador prevê uma duplicação das penas: até 10 anos no tribunal correcional e 20 anos no tribunal do júri.

Os artigos 161 e 164 do Código Civil proíbem os casamentos em linha direta (ascendente-descendente), em linha colateral (irmão-irmã) e em linha cruzada (tio-sobrinha). Todavia, em circunstâncias particulares, um recurso junto ao presidente da República pode às vezes suspender o interdito. Foi o caso, há alguns anos, para um irmão e uma irmã que nunca tinham vivido juntos na infância. O encontro na idade adulta conclui-se, portanto, num casamento. Nunca, no entanto, um pedido de casamento entre um pai e sua filha, uma mãe e seu filho teve sucesso. E, se um filho nasce de um casal incestuoso, a lei só lhe reconhece um dos pais. O segredo de sua filiação se inscreve desde a origem, desde o ato de nascimento. Como nota com pertinência Olivier de Tissot: "Na falta de poder eliminar fisicamente a criança incestuosa, vai-se eliminá-la juridicamente: seu estado civil não deverá revelar sua filiação"[4].

Um caso acontecido em 1989 mostra o quanto conflito social e lei estão imbricados. Durante um programa de televisão, uma vítima denunciou os atos condenáveis de seu pai. Este deu queixa por difamação, não só contra a filha mas também contra o apresentador. O caso foi parar nos meios de comunicação e as associações de vítimas se mobilizaram. Essa história abalou as tradições judiciárias; com efeito, Claudine, de 28 anos de idade, não podia mais dar queixa contra seu pai, já que havia prescrição dos

---

[3] O. de Tissot, *op. cit.*, p. 181.

[4] *Ibid.*

fatos. A pressão social foi tal que o desfecho do caso criou jurisprudência. A partir de julho de 1989, uma pessoa vítima de incesto pode doravante conduzir uma ação em justiça até a idade de 28 anos. Esse processo foi a oportunidade de colocar em evidência o vazio jurídico relativo ao interdito do incesto e à impossibilidade de uma condenação por esses fatos. É conhecida a lentidão da justiça. Os interrogatórios se multiplicam e os confrontos são muito dolorosos; quanto ao processo, ele às vezes se desenrola alguns anos após o primeiro depoimento. Além disso, a dissolução familiar costuma produzir um desabamento total das referências até às vezes provocar descompensações. Há quem pense que, "em muitos casos de atentados ao pudor, o procedimento judiciário tem para a criança conseqüências bem mais nefastas que os próprios atos"[5]. A imagem paterna já fortemente abalada fica completamente aniquilada, embora fosse preferível a criança descobrir um pai com suas fraquezas em vez de ver nele unicamente um tirano.

Se a lei desempenha sua necessária função de interdito, distinguindo vítima e culpado, ela costuma impor de modo muito violento a separação. Ora, quando o abusador é preso, a criança se sente culpada da denúncia e das conseqüências que se seguem. A intervenção terapêutica está ausente no recinto dos palácios de justiça; nenhum apoio nesse sentido é trazido à família abandonada diante de suas múltiplas angústias. Só o acusado, após o processo, às vezes se vê confrontado com uma injunção terapêutica, isto é, a obrigação de seguir um tal trabalho. Aqui se coloca toda a questão do valor de uma terapia quando a demanda não emana do próprio sujeito. No entanto, uma ajuda psicológica nos parece necessária tanto para o pai quanto para o resto da família. Sublinhemos que, em certos estados americanos, o incriminado escolhe entre a prisão e uma terapia. Evidentemente, a segunda possibilidade quase sempre prevalece. A província do Québec, no Canadá, associa prisão e terapia, tanto individual quanto familiar.

Na França, o procedimento judiciário que leva ao processo começa por uma revelação, um depoimento na delegacia. Uma vez declarado o incesto, uma investigação é aberta e os familiares mais próximos da vítima

---

[5] J.-P. Getti, "L'inceste père-fille. Le rôle du juge", in *Revue médicale et enfance*, déc. 1986, p. 484.

são por sua vez ouvidos. Quando o dossiê contiver um número suficiente de elementos convincentes, é remetido para o tribunal. Ali, o procurador da República decide a instrução (ou não) do caso, nomeando um juiz de instrução. Por sua dupla função, este julga o remetimento do dossiê para o tribunal competente (tribunal correcional ou tribunal do júri) e instrui o caso procedendo a novos interrogatórios da parte civil e do incriminado. Ele pode igualmente organizar confrontos, provas importantes que provocam com freqüência as confissões do incriminado. Nessa fase da investigação, cada uma das partes pode se beneficiar da ajuda de um advogado; isso às vezes leva a estratégias de defesa para o incriminado fundadas na rejeição das acusações. Nos casos de incestos, e principalmente durante os atentados ao pudor, coloca-se com insistência a questão da prova. A justiça apóia suas petições e suas condenações apenas em fatos concretos, isto é, realmente demonstráveis. Ora, os toques incestuosos não deixam nenhum vestígio físico. Os vestígios psíquicos não têm papel algum na busca de uma prova. Só as confissões do acusado fornecerão a prova irrefutável de um incesto, o que justifica a multiplicação dos interrogatórios. Quando a culpa é estabelecida, busca-se o grau de responsabilidade do incriminado e notadamente coloca-se a questão de saber se ele se enquadra no artigo 64 do Código Penal que o declara "inacessível à sanção penal". De todos os crimes e delitos cometidos contra as pessoas, o atentado aos costumes é, com efeito, aquele que coloca, quase sempre, a questão da responsabilidade penal, até mesmo da responsabilidade simplesmente do autor [...] em outras palavras, o atentado aos costumes criaria por si mesmo uma espécie de presunção quase irrefutável da irresponsabilidade de seu autor"[6].

Segundo elemento importante, até mesmo central, da instrução: as perícias psiquiátricas, obrigatórias em matéria de crime e facultativamente pedidas para um atentado ao pudor. A perícia visa apreciar o grau de responsabilidade do criminoso assim como esclarecer o juiz sobre sua personalidade. Quanto à vítima, ela faz um exame médico e psicológico. Por aí serão avaliadas as conseqüências traumáticas dos danos sofridos. Às

---

[6] J.-L. Aldemar, "Collaboration du magistrat et des experts en matière d'attentat aux mœurs", in *Annales de médecine légale*, tome 41, nº 1, 1961, p. 85.

vezes o juiz pede que se determine se existe na criança-vítima uma tendência à fabulação.

Excepcionalmente, abre-se uma investigação social orientada para o universo do incriminado: o investigador percorre toda a sua vida (meio familiar e profissional), encontrando às vezes personagens de sua infância, vizinhos ou amigos por exemplo. Desse trabalho resulta uma apreciação sobre seu modo de vida e sobre suas capacidades relacionais e de adaptação.

A última etapa termina por um julgamento. O tribunal correcional é composto por três juízes, sendo um o presidente: eles deliberam e aplicam uma pena relativa àquela inscrita no Código Penal. O tribunal do júri cria um processo muito mais longo e pesado. Durante o processo estão presentes três magistrados, sendo um presidente da corte, assim como nove jurados designados por sorteio. Estes últimos constituem o júri popular ou a voz do povo.

Concepção freudiana do interdito do incesto

"Em nenhuma civilização onde o costume, a moral, a lei autorizaria o incesto a família pode se manter. Sua ruptura viria inevitavelmente, mergulhando a sociedade no caos e tornando impossível a continuidade da tradição cultural. O incesto significaria o apagamento das distinções de idade, a mistura das gerações, a desorganização dos sentimentos e uma brutal inversão dos papéis num momento em que a família se torna o mais importante fator de educação. Nenhuma sociedade pode existir em tais condições"[7].

As bases fundadoras da vida do homenzinho, assim como as da humanidade, repousam desde a origem sobre dois tabus. O interdito do assassinato (e do canibalismo) bem como o do incesto estruturam o grupo social assim como o eu [*moi*] do sujeito. Esse ponto de articulação entre uma dimensão social e uma dimensão psicológica, entre uma história familiar e a história social, nos conduz a assinalar as concordâncias presentes. Essa

---

[7] B. Malinowski, *La Sexualité et sa répression dans les sociétés primitives*, trad. franc. S. Jankélévitch, Paris, P.B.P., 1976, p. 207.

expressão retoma a idéia freudiana desenvolvida em *Totem e tabu*, cujo subtítulo é "Sobre algumas concordâncias entre a vida psíquica dos selvagens e a dos neuróticos". Essa obra escrita em 1912 visa, por uma reflexão sobre a vida de um povo primitivo, interpretar seu modo de funcionamento com ferramentas psicanalíticas. Essa abordagem original requer para nós um interesse particular, "se pudermos aí reconhecer (nos povos selvagens e semi-selvagens) um estádio preliminar bem conservado de nossa própria evolução"[8].

Freud sustenta, a respeito das populações australianas, que "o conjunto de sua organização social parece até subordinado (à mais rigorosa interdição das relações sexuais incestuosas)"[9]. O tabu se aplica ao conjunto dos membros que pertencem a um mesmo totem. Seguindo Durkheim, ele constata que a filiação totêmica se assimila a um "parentesco de sangue". Assim, toda transgressão prejudicaria a organização social do grupo. O mesmo aconteceria com o homem "civilizado", no qual a saciação dessas pulsões seria nociva do ponto de vista social. Freud emite duas teses relativas à instauração do tabu do incesto. A primeira se resume assim: se o autor de uma transgressão não for severamente punido, eventualmente até pela morte, seu gesto arrisca despertar sentimentos de ciúme e de inveja no seio do grupo totêmico. Assim, para reprimir essa tentação, é preciso punir a audácia daquele cuja satisfação é invejada. A segunda hipótese decorre desta constatação: se o incesto é instituído como tabu, é por ele ser fundamentalmente desejado. Freud conclui pela existência de uma pulsão que empurra para o incesto. Assim, quer se trate do homem primitivo, da criança edipiana ou do neurótico, o interdito protetor viria se opor com força às cargas pulsionais presentes em cada um de nós, mas se exprimiria com uma acuidade crescente em cada um deles. Essa pulsão mal definida por Freud em *Totem e tabu* aparentar-se-ia com uma pulsão de autodestruição[10]. Se Freud indiretamente liga nesse texto incesto e morte, a meu conhecimento ele nunca retomou esse vínculo sob o ângulo da pulsão de morte, que visa trazer o ser vivo ao estado anorgânico. Podemos, portanto, nos

---

8 S. Freud, *Totem e Tabou* (1912), trad. franc. S. Jankélévitch, Paris, PBP, 1980, p. 72.

9 *Ibid.*, p. 73.

10 *Cf.* "Au-delà du principe de plaisir" (1920), in *Essais de psychanalyse*, Paris, Payot, 1951.

perguntar se não seria mais frutuoso articular incesto e interdito com os conceitos de pulsões de morte e de pulsões de vida, levantando os mesmos antagonismos, presentes em cada um de nós.

Freud se apóia no mito darwiniano da horda primitiva: um primata se apropriava de todas as mulheres. Esse monopólio suscitou em seus filhos sentimentos de inveja e de ciúme que levaram a uma revolta coletiva contra esse pai todo-poderoso. Eles então decidiram, apesar da ambivalência do que sentiam em relação a ele, matá-lo. A identificação com o pai passou pelo assassinato e pela incorporação canibalesca de seu corpo. Com efeito, eles dividiram entre si o corpo do pai e o comeram. Por esse ato se entrevê igualmente o processo de luto por interiorização do objeto ausente. Mas, "se é verdade que os irmãos se juntaram para derrotar o pai, quanto às mulheres eles eram rivais um do outro. Cada um gostaria de tê-las todas para si, a exemplo do pai, e a nova organização teria perecido na luta generalizada"[11]. Sob o domínio de um vivo sentimento de culpa ligado ao assassinato do pai e ao desejo de usurpar seu lugar, os filhos abandonaram o sistema da horda em proveito do sistema de trocas. Assim, em vez de se matarem, os irmãos-filhos recusaram todas as mulheres-mães anteriormente tão desejadas. Instituíram a proibição do incesto, que se traduz pela interdição de se unir a uma mulher do mesmo totem. A lei da exogamia toma sua origem, segundo Freud, nesse mito da horda primitiva. Os dois tabus fundadores de toda sociedade seriam dali por diante o interdito do assassinato e o interdito do incesto. A articulação entre o mito e o complexo de Édipo reside na transmissão filogenética desses dois tabus. A concordância freudiana se explica assim: o que é *desejado* e *fantasiado* de modo inconsciente atualmente teria sido *perpetrado* outrora.

Se nos referirmos aos conceitos de "crise", de "ruptura" e de "superação" definidos por René Kaës, podemos interpretar a hipótese freudiana da horda primitiva assim: a crise nasceria do todo-poder de um ser; a ruptura seria simbolizada pelo assassinato e a superação consistiria na instituição de leis que fadam a humanidade a nunca mais regredir a esse estádio primitivo ou primário, isto é, aquém da triangulação edipiana. Assim, foi bem uma

---

[11] *Ibid.*, p. 165.

pulsão de vida ou um instinto de sobrevivência que permitiu a humanização graças à proibição do incesto. Esse interdito implica a injunção de não voltar ao ventre materno, logo, ao estado originário e fusional.

As reflexões sobre a origem da proibição do incesto permanecem hipotéticas. Entretanto, uma idéia comum emana de todas as concepções: incesto e morte aparecem como sinônimos, e isto em vários níveis: degenerescência da espécie humana (Morgan e Maine); luta pela apropriação das mulheres (Mc Lennan e Spencer); exclusão da sociedade e da vida (Lévi-Strauss e Freud); caos social e confusão individual (Malinowski).

Sendo o sujeito humano simultaneamente sujeito social, sua sobrevivência passa por uma regra social: a exogamia e a troca, a aliança e o dom, termos que remetem à lei e à obrigação de a ela se submeter. Essa lei nos protegeria de nós mesmos na medida em que um desejo incestuoso ou a pulsão de morte nos incitaria à passagem ao ato. Regendo as relações entre indivíduos, ela torna certas uniões possíveis (Lévi-Strauss) ao passo que proíbe outras (Freud).

Subscrevemos inteiramente a essa reflexão de Colette Chiland: "Os indivíduos só se submetem às regras da proibição do incesto de sua sociedade porque elas respondem a alguma coisa de sua organização psíquica"[12]. É essa "alguma coisa" que vamos agora interrogar.

A lei psíquica

Se leis sociais e lei individual têm a ver uma com a outra, já que o Código Civil "reparte os gozos"[13] ao amarrar o ser biológico, o ser social e o inconsciente, torna-se necessário precisar a singularidade da lei psíquica. Ela é universal, idêntica para todos, preexiste e se impõe a cada um de nós. Freud lhe designa por origem, no mito, o assassinato do pai e faz, portanto, "começar o homem com a lei e o crime"[14].

---

[12] C. Chiland, "L'interdit de l'inceste comme fondateur du groupe social et organizateur de la psyché", in *Nouvelle Revue d'ethno-psychiatrie*, tome 3, 1985, p. 18.

[13] A. Jarry *et al.*, *Le Sujet et la Loi*, colóquio de 13-14 de junho de 1987, Toulouse, éd. Érès, 1988, p. 14. "Gozo" deve ser aqui entendido no sentido jurídico.

[14] J. Clerger, *Être père aujourd'hui*, Lyon, Chronique sociale, 1979, p. 75.

A lei, o interdito do incesto implicam a transmissão de geração em geração e a circulação entre membros de uma mesma família. A lei funda a troca. Clerget insiste nesse ponto ao escrever que "a lei é o que funda a mediação dos seres humanos no reconhecimento de suas diferenças"[15] – diferença dos sexos e diferença das gerações.

A primeira função da lei é, portanto, separadora. Separação significa aqui diferenciação necessária em relação ao objeto materno a fim de chegar ao processo de individuação. As diversas concepções psicanalíticas se articulam todas a esse imperativo de separação psíquica. Lacan fala da "assunção simbólica do sujeito", Winnicott da "capacidade de estar só em presença da mãe"; Bowlby define o trajeto indo do "apego à separação" e Freud descobre na experiência do "destruído-encontrado" que "o objeto nasce no ódio". Passar "de um estado de fusão com a mãe a um estado de relação com a mãe enquanto pessoa exterior e separada"[16], por etapas ou "transições", acompanha-se necessariamente de um mecanismo de interiorização do objeto ausente. Freud identificou o paralelismo disso no "jogo do carretel". Ao refazer a experiência dolorosa de se separar da mãe, a criança faz coincidir o ato e a fala nesse movimento do "*Fort* (partido) – *da* (eis)", fazendo aparecer e desaparecer um carretel que ela segura por um fio. O acesso ao simbólico só pode se realizar em e pela experiência da ausência (Freud) ou da falta (Lacan); em outros termos, é pela castração, renúncia pulsional, que a criança chega à diferenciação entre o outro e ela.

A segunda função da lei é a do interdito, noção desenvolvida principalmente por Denis Vasse: "A lei é a instância que quebra toda relação dual, ou antes, que não autoriza a instalação em tal relação"[17]. O interdito viria constantemente contrariar essa tendência do desejo de querer fixar-se no objeto originário, o da fantasia incestuosa. Freud o enunciava nestes termos: "O primeiro objeto sobre o qual se concentra o desejo sexual do homem é de natureza incestuosa – a mãe ou a irmã – e é somente à força de proibições da maior severidade que se consegue reprimir esse pendor infantil"[18].

---

[15] *Ibid.*, p. 82.

[16] J. Clerget, *Être père aujourd'hui*, Lyon, Chronique sociale, 1979, p. 75.

[17] D. Vasse, *Un parmi d'autres*, Paris, éd. du Seuil, 1978, p. 7.

[18] S. Freud, *Introduction à la psychanalyse* (1917), trad. franc. S. Jankélévitch, Paris, P.B.P., 1962, p. 315.

Podemos nos perguntar o que acontece quando o interdito e a separação não operam, isto é, não desempenham seu papel estruturante. A via está então aberta ou para a perversão e a denegação da lei, ou para a psicose e a foraclusão. O que o perverso recusa é a submissão à lei. Se a reconhecer, tenta contorná-la, até mesmo capturá-la. Com efeito, tal o pai incestuoso, ele se identifica com a lei, se toma pela lei, faz a lei, em resumo, ele é/odeia* a lei. Para além desse desmentido [*désaveu*], ele tenta esconder a castração. E a fim de conservar a ilusão de que pode evitá-la, ele rejeita a diferença dos sexos. Assim, "uma parte de si aceitaria a existência da diferença dos sexos ao passo que a outra persistiria na crença na existência de um pênis na mãe"[19]. Do desmentido, característica de uma problemática perversa, decorre a incapacidade de ser estruturado pelo interdito e pela separação.

A criança nasce no campo da fala. Já dentro do ventre materno, fala-se dela, fala-se até com ela. "A criança não é somente trazida no corpo da mãe, mas também na fala dos pais"[20]. No entredito das palavras exprime-se o interdito da lei: "A lei é a fala que se inter-diz"*[21]. Introduzida na fala, a criança torna-se um ser falante [*parlêtre*], de acordo com a expressão de Lacan. É por essa fala que se troca que o indivíduo se descobre e descobre o que nos diferencia e nos une. O acesso às identificações secundárias só é possível se "a voz e a nomeação forem estreitamente ligadas no momento do nascimento e do reconhecimento"[22]. Mas, sobretudo, como sublinha Denis Vasse: "O sujeito surge em, por e através da fala"[23]. Entrar numa fala é portanto chegar ao inter-dito graças à ordem simbólica que permite experimentar a ausência do objeto e imaginá-lo como tal. Como observa Clerget, "o símbolo tem por função devolver à presença, na linguagem, uma coisa ausente. Ele separa ao significar a perda de uma unidade imaginária com o objeto"[24]. Assim, "o ato de falar é o limite constitutivo da relação entre os

---

* Jogo de palavras: *il est* [ele é] e *il hait* [ele odeia] têm a mesma pronúncia. (NT)

19 J. Clavreul, *Le Désir et la Loi*, Paris, Denoël, 1987, p. 143.

20 J. Clerget, *op. cit.*, p. 12.

* Jogo de palavras: *qui s'inter-dit* [que se entre-diz] e *qui s'interdit* [que se proíbe]. (NT)

21 D. Vasse, *op. cit.*, p. 122.

22 B. This, *Le Père: acte de naissance*, Paris, éd. du Seuil, 1980, p. 222.

23 D. Vasse, *op. cit.*, p. 115.

24 M.-P. e J. Clerget, *Place du père, violence et paternité*, Lyon, éd. Champs, P.U.L., 1992, p. 59.

seres [...], limite entre o sujeito e os que o cercam, limite que só existe porque o 'eu' [*je*] é distinto de um 'tu', distinção que só está ela mesma viva pela implícita referência a um 'ele'"[25].

O perverso vive numa fala mentirosa a fim de evitar a submissão à lei e de evitar o sofrimento da castração. Essa mentira é incestuosa, ela implica a confusão entre o real e o imaginário. Ela é rejeição da alteridade. Disso é testemunha a problemática incestuosa na qual o abusador assimila e relega sua vítima a um estatuto de objeto.

No psicótico, o defeito de simbólico tem outros efeitos. Ele não encontrou (ou não lhe deram) lugar no campo da fala (seu mutismo mostra isso). Preso na confusão, vivendo em espelho, ele permanece "objeto" prisioneiro de seus órgãos e de seus sentidos, num mundo puramente imaginário onde ele se confunde com o que imagina. A fala não se troca, não se dá e não se recebe; nenhum nome chamou nem inscreveu o psicótico numa filiação. A "foraclusão do Nome-do-Pai", tal como a nomeia Jacques Lacan, põe em evidência o paradoxo trágico do psicótico: "O paradoxo do esquizofrênico diz respeito à sua própria existência, querendo, com efeito, que sujeito, objeto e relação sejam apenas não sendo"[26]. Morrer na vida ou viver na morte, é este o destino desses seres condenados desde a origem a não encontrar o Outro. O terceiro falta; a mãe a isso não se refere. "Ali onde falta o interdito, falta a falta"[27], essa falta necessária a toda vida humana.

As pulsões de morte e as pulsões de destruição são inerentes à atividade humana. Como constata Denis Vasse em *Um entre outros*, cada um de nós tem desejos de assassinato, de mentira e de incesto. A função da lei consiste em integrá-los no campo do interdito: "Ela não os nega, ela os confessa"[28]. Embora reconheça a pulsão, a lei se revela como uma instância protetora. Não só permite ao sujeito estruturar-se, mas lhe dá simultaneamente a oportunidade de se inserir num grupo social.

Freud faz do supereu o herdeiro individual dos interditos coletivos. A passagem ao ato estaria, portanto, ligada a uma psicopatologia social e

---

[25] A. Jarry *et al.*, *op. cit.*, p. 72.

[26] P.-C. Racamier, *Les Schizophrènes*, Paris, P.B.P., 1980, p. 28.

[27] D. Vasse, *L'Ombilic et la voix*, Paris, Seuil, 1974, p. 124.

[28] D. Vasse, *Un parmi d'autres*, Paris, Seuil, 1978, p. 12.

individual, indo a pulsão saciar-se até na (auto) agressão. Ora, o perverso, em sua tentativa de dominar o objeto, na realidade está ele mesmo submetido às exigências pulsionais que o atormentam. "Ele imagina ser o dono de sua pulsão no momento preciso em que dela é escravo"[29].

Num processo normal, a pulsão nunca atinge completamente seu objetivo. Ela passa pelo desejo do Outro, pela linguagem. O desejo é oriundo da codificação da pulsão pela lei. Esta descola a pulsão do objeto. A desintricação da pulsão e do objeto se traduz pela passagem do ser ao ter. A criança não é mais identificada a tal parte de seu corpo: ela não é mais uma boca, ela tem uma boca e, por conseguinte, se reconhece como "outra coisa que a coisa"[30], isto é, como não sendo "nem o sexo, nem a morte, nem a fala, mas um sexuado, um mortal, um locutor"[31]. O "eu" [*je*] toma lugar na cena familiar. A criança não se move num "a gente" indiferenciado em que seria confundida com o "tu" e o "ele". Clerget conclui com razão que "a separação não é somente entre si e o mundo, si e os outros, mas entre si e si mesmo"[32].

A fim de não mais se identificar a esse corpo-coisa, a criança deve sair de sua relação fusional primária com a mãe: relação oral (Freud) ou relação especular (Lacan). O reconhecimento de si passa pelo de si graças ao Outro e, portanto, pela nomeação. Assim, "o sujeito toma corpo ao responder em seu nome"[33], o qual o inscreve numa filiação, instituindo ao mesmo tempo a diferença das gerações e dos sexos. O pai é o terceiro portador do interdito e da separação, já que "nomear" alguém é desalojá-lo constantemente das identificações imaginárias em que ele se deixa prender"[34]. Quebrar o espelho materno alienante exige que a mãe ofereça um lugar psíquico ao pai e que ela não se considere a única origem, que mostre esta numa relação com a lei que lhe proíba possuir seu filho. Nascer da mãe não é sair de seu ventre, mas, bem mais, sair de seu desejo.

---

[29] *Ibid.*, p. 14.
[30] D. Vasse, *L'Ombilic et la voix*, Paris, Seuil, 1974, p. 112.
[31] *Ibid.*
[32] J. Clerget, *op. cit.*, p. 14.
[33] D. Vasse, *op. cit.*, p. 112.
[34] *Ibid.*, p. 128.

No incesto pai-filha, a problemática do desejo também se coloca, mas em outros termos. Com efeito, seria como se o abusador não prescrevesse à sua vítima o interdito de nascer, mas de gozar de seu desejo. Esse ataque feito ao outro enquanto sujeito desejante o remete à função e ao estatuto de objeto. A criança não é reconhecida nessa alteridade que confrontaria o abusador com a diferença dos sexos que ele busca perpetuamente desmentir. A criança está, então, diante de um perigo de morte psíquica. Entendemos por que, como diz Denis Vasse, "a lei proíbe a pulsão quando ela é portadora de morte"[35].

[35] D. Vasse, *Un parmi d'autres*, *op. cit.*, p. 17.

Tornar-se sujeito humano

Quando a criança aparece, um triplo nascimento acontece: o seu, o de uma mãe e o de um pai. Homem e mulher reorganizam as bases de sua aliança em função da chegada desse terceiro que simboliza o que os une e o que os separa. Se é preciso três gerações para fazer um psicótico, como afirma Françoise Dolto, é, portanto, porque a criança traz o sintoma de um conflito entre os pais que remonta à geração que os precede. Podemos admitir a hipótese de que uma vítima de incesto sofre igualmente o peso de um passado parental já doloroso. A passagem ao ato se insere num antecedente familiar patológico.

Nascer da voz de um pai

O pai original, tal como Freud nos apresenta sob os traços do pai totêmico da horda primitiva, é aquele "pai morto que impõe retrospectivamente a instituição do interdito do incesto"[1]. Lacan criticou a hipótese freudiana, que ele considera formulada sem rigor científico: "Freud dá o salto teórico cujo abuso marcamos: da família conjugal que ele observa em seus sujeitos a uma hipotética família primitiva concebida como uma horda"[2]. Lacan centra seu estudo sobre o pai em torno da noção de metáfo-

---

1 J. Dor, *Le Père et sa fonction en psychanalyse*, Paris, Point Hors Ligne, 1989, p. 42.

2 J. Lacan, *Les Complexes familiaux dans la formation de l'individu*, Paris, Navarin, 1984, p. 54.

ra. O que o pai significa é que todo ser humano está submetido à lei que se origina no assassinato e no incesto. O pai é representante, garante de uma lei que lhe é anterior e que ele tem o encargo de inscrever em seus descendentes. Assim, "o lugar do pai invoca a dimensão da origem e a seqüência das gerações em seu começo e suas sucessões"[3]. "Nenhum indivíduo concreto pode pretender esse lugar, o qual não é um lugar real, mas mítico. Em outras palavras, a categoria do Pai morto, do Pai que não pode mais ser morto, torna-se sinônimo da eficiência da função dos pais, na prática de um ofício destinado a pôr em ação concretamente a idéia de que ninguém pode, sob pena de loucura, pretender ser tudo"[4]. O pai não institui a lei, ele a transmite. Só talvez o perverso, na ilusão de um todo-poder, se persuade de ser o possuidor absoluto.

A função do pai em relação à sua criança repousa, portanto, numa dupla necessidade. Primeiramente, ao se apresentar como depositário e vetor da lei, o pai simboliza e personifica a instância do terceiro, podendo a lei ser entendida como o quarto elemento familiar. Por outro lado, "o homem, enquanto pai, tem de dar a prova, num dado momento, de que de fato possui aquilo de que todo homem está desprovido"[5]: o falo.

Se a função paterna só se realiza por uma articulação com os ancestrais, é evidente que "o estatuto de pai está ligado ao da criança"[6]. Ambos nascem e se unem num lugar simbólico e jurídico (a inscrição no registro de nascimentos) que traduz a assunção do Nome-do-Pai. O pai é a um só tempo aquele que nomeia a criança ao inscrevê-la numa linha genealógica e aquele que a reconhece e, portanto, a adota com seu nome. À diferença de um genitor ou doador de esperma, aquele que se afilia à criança lhe faz dom de sua vida, pois "o nome que o pai dá à criança não lhe pertence: ele é um patronímico, um nome de família. O nome precede e segue pai e criança"[7]. O nome nos singulariza, nos faz reconhecermos "um entre ou-

---

[3] M.-P. e J. Clerget, *Place du père, violence et paternité*, Lyon, éd. Champs, P.U.L., 1992, p. 62.

[4] P. Legendre, *Le Dossier occidental de la parenté*, Paris, Fayard, 1988, p. 34.

[5] J. Dor, *op. cit.*, p. 49.

[6] B. This, *Le Père: acte de naissance*, Paris, éd. du Seuil, 1980, p. 22.

[7] J. Clerget, *op. cit.*, p. 22.

tros"; mais além, "ter um nome é ser"[8]. A criança é desalojada de sua especularidade quando, no estádio do espelho, corpo e prenome se unificam num "eu" [*je*], sinônimo de sujeito. Pelo viés da nomeação, a criança é, desde a origem, chamada a se separar. É "ao cortar toda relação fusional imaginária, ao se colocar entre a mãe e a criança"[9] que o pai abre à criança o campo do simbólico e, portanto, correlativamente, o acesso à lei. Então, a criança descobre a diferença (sexo e geração) e a "mesmidade" (mesma filiação, mesmo nome). As identificações secundárias podem doravante se instaurar, já que as bases da identidade estão, de modo antecipado, solidamente colocadas.

Seja qual for a sua filiação – por via de sangue ou por via de adoção –, a criança se interroga um dia sobre sua origem e, portanto, sua filiação e se choca contra o enigma da vida. As teorias sexuais infantis centram-se na pergunta: "Como se faz um bebê?". Em segundo plano, surge o mistério de sua genealogia. Da mesma forma, o romance familiar traduz, através da busca imaginária de pais outros que os seus, a fantasia de uma filiação outra. A criança está então (por decepção) se inscrevendo em sua filiação e na de seus pais. Ela aí se insere definitivamente quando se estrutura em relação à sua concepção, como oriunda de um homem e de uma mulher de uma geração diferente da sua. E, quando o pai ensina a necessidade das alianças e seu princípio, ele revela ao mesmo tempo à criança uma filiação que exclui todo dado incestuoso. "O que é interdito é fazer coincidir a relação de parentesco (vínculo de sangue) e a relação de aliança (vínculos do casamento)"[10]. Assim, é na troca com um outro que se funda o sistema das alianças.

O incesto é "como um atentado contra a ordem da filiação"[11]. Guyotat fala da ausência de alteridade instaurada por certas mães[12]. A origem de tal clonagem se situaria na ausência de uma referência ao pai enquanto portador da lei. Assim, "a mãe faz fantasmaticamente sua criança com o pai ou

---

8 D. Vasse, *L'Ombilic et la voix, op. cit.*, p. 128.

9 B. This, *op. cit.*, p. 253.

10 J. Clerget, *Être père aujourd'hui*, Lyon, Chronique social, 1979, p. 118.

11 P. Legendre, *op. cit.*, p. 130.

12 *Cf.* J. Guyotat e M. Audras, "Économie dépressive et filiations", in *Revue française de psychanalyse*, vol. 40, tome 2, nº 5-6, 1976, p. 1077.

um outro objeto incestuoso"[13]. Essas mães prejudicam tanto o desenvolvimento da criança quanto no caso de um incesto real consumado. Essas "filiações pára-incestuosas" se aproximam de uma foraclusão do Nome-do-Pai e, por conseguinte, o risco psicótico não é negligenciável para as gerações futuras. Pois o psicótico pode ser visto como aquele que tenta interromper o peso de uma filiação cada vez mais mortífera, parando não a vida pela morte, mas a morte por um ato paradoxal de vida que, no entanto, se traduz pela morte.

O dilema alienante que deve ser enfrentado tanto pelo psicótico quanto pela vítima do incesto estaria situado nesta escolha impossível: ou perpetuar uma filiação portadora de morte – o que se opõe ao próprio princípio de filiação –, ou cortar-se do pai (ou da mãe) incestuoso(a) e, ao mesmo tempo, excluir a si mesmo da filiação e, portanto, da vida.

A função paterna

"A função paterna não existe sem a função materna"[14]. A mãe deve referir-se ao pai simbólico encarnado por aquele que reconhece a criança. Pai e mãe, ambos se inscrevendo numa mesma fala e numa mesma relação com a lei, podem fazer nascer aquele ou aquela que, por sua vez, terá acesso ao registro do desejo. Referir a criança ao pai supõe que a mãe reconheça a lei do pai. A função paterna se entende, portanto, numa dupla acepção: interdito e separação. Mediando o desejo de cada um, o pai injunge ao filho: "Não deitarás com tua mãe"; e à mãe: "Não reintegrarás o teu produto". A literatura psicanalítica costuma deixar de sublinhar que o pai também deve necessariamente proibir-se o desejo incestuoso. Cada um proíbe e se proíbe a posse do outro. O "movimento tangencial rumo ao incesto" (Lacan) ou a busca de um "renascimento" (Jung) levam às fantasias mais arcaicas. Em conseqüência, "a função do pai proíbe a fusão-confusão original, imaginária. A função do pai trinifica"[15]. Ao significar as bases de uma

---

[13] J. Andrieux-Le Guirriec *et al.*, "Filiations para-incestueuses", in *Annales médico-psychologiques*, vol. 139, nº 7, 1981, p. 834.

[14] B. This, *op. cit.*,p. 260.

[15] *Ibid.*, p. 247.

triangulação, o pai abre à criança o campo do parentesco. A criança descobre "em cada um de seus pais: uma mãe que não é toda, pois é esposa do pai; um pai que não é só o pai, mas também o esposo da mãe. Mãe para ele e esposa para um outro"[16]. A fala do pai só tem sentido, isto é, significação construtiva, na medida em que ele também está submetido a essa lei que ele faz respeitar. Desaprovar ou denegar a lei acarreta uma confusão dos vínculos e inevitavelmente faz com que surjam angústias de morte e de aniquilamento de si. Quando há foraclusão do Nome-do-Pai, pelo fato de uma mãe desejante conservar egoísta ou narcisicamente o feto de que foi portadora, é porque ela se prende e prende no mesmo movimento sua criança em seu desejo de ser criadora e não procriadora. O acesso à individuação está comprometido antes mesmo da concepção da criança.

O paradoxo com o qual ficam confrontados a mãe e a criança consiste em conservar a união por uma desunião. A única possibilidade é o acesso ao vínculo simbólico, por renúncia ao vínculo simbiótico. O processo complexo das identificações funda-se nessa dificuldade de conceber o outro a um só tempo como diferente e idêntico a si: "O outro é eu [*moi*] e ao mesmo tempo não eu [*moi*]". Como resume Bernard This, "sendo *inter*, o pai une tanto quanto separa"[17], e isso bem antes do Édipo. Ele já está ali no estádio oral, quando a criança vê não só a mãe a olhá-la, mas a mãe a olhar seu pai. Se a função paterna ancora-se na problemática edipiana, é preciso previamente que um ponto de apoio exista, que um processo de diferenciação esteja, portanto, ativo desde a origem.

No momento do Édipo, a criança é levada a integrar a diferença das gerações e dos sexos. Mais além, os interditos parentais devem permitir que ela domine suas pulsões e seus desejos. Diante do desejo supremo de ser tudo, a um só tempo para seu pai e para sua mãe, com e sem o rival terceiro, a criança choca-se com a impossibilidade de ver realizarem-se todos os seus desejos simultaneamente. Essa impossibilidade não deve resultar de sua impotência, o que provocaria uma ferida narcísica, mas de um interdito. A função tranqüilizante e estruturante deste aparece quando a criança se sen-

---

[16] J. Clerget, *op. cit.*, p. 21.
[17] B. This, *op. cit.*, p. 157.

te atormentada por suas pulsões, sucumbindo às vezes a uma forte superexcitação desorganizadora. O interdito dá sentido aos desejos e leva progressivamente a criança a reger ela mesma a sua própria atividade pulsional. No menino, "a ausência da satisfação esperada, a incessante frustração da criança desejada conduziriam o pequeno apaixonado a se desviar de seu pendor sem esperança"[18]. Paralelamente, a instância superegóica se perfila nas relações que os dois pais mantêm com a lei. Não confundamos supereu e lei. O declínio do complexo de Édipo passa necessariamente por esse movimento de interiorização dos interditos parentais e sobretudo paternos, embora a mãe com bastante freqüência ative as ameaças de castração no menino e faça nascer na menina a crença de que foi ela quem a desproveu do pênis. "O desfecho do complexo de Édipo passa pela castração simbólica"[19], quando a criança renuncia ao todo-poder que ela buscava, achando mais pacífico abandonar uma "parte" de seus desejos, em vez de buscar um "tudo", custoso em energia e finalmente sinônimo de um "nada". Apaziguado pelo desfecho do conflito edipiano, quando ela é organizadora, o eu [*moi*] da criança pode então enriquecer-se com novos investimentos não incestuosos. O complexo de castração permite a passagem do apego à separação, da falta ao desejo. "A castração, diz Ferenczi, teria por conseqüência a impossibilidade de se reunir de novo com a mãe"[20].

Nascer do desejo de uma mãe

O paradoxo materno

Por que abordar a questão materna sob o ângulo do paradoxo? Porque a mãe coloca para a criança, pelo desejo e pelo prazer que desperta e pelo interdito que faz intervir, um dilema: construir-se em relação a um objeto que não será nunca objeto, mas sempre sujeito de amor.

---

[18] S. Freud, "La disparition du complexe d'Œdipe" (1923), in *La Vie sexuelle*, trad. franc. J. Laplanche, Paris, PUF, 1969, p. 117.

[19] B. This, *op. cit.*, p. 71.

[20] Citado in A. Green, *Le Complexe de castration*, Paris, PUF, coll. Que sais-je?, 1990, p. 61.

O vínculo mãe-criança, em suas fases mais arcaicas, deu lugar a conceituações às vezes divergentes. Além disso, especular sobre uma relação fusional e anobjetal remete-nos a um aquém da alteridade que nos funda. Assim, como observou Ruth Mack Brunswick, "o estudo da fase precoce do apego exclusivo à mãe está cheio de dificuldades, pois esse período é o mais antigo, o mais arcaico e o mais estranho a nosso modo de pensamento"[21].

Freud aborda, desde 1905, o desenvolvimento da criança sob o ângulo da sexualidade. A organização oral da pulsão repousa na ausência de diferenciação entre si e o outro, uma vez que o bebê, aliás, nessa época não tem consciência alguma de sua existência. Em conseqüência, a emergência do caos originário passa necessariamente pela "preocupação materna primária" (Winnicott), isto é, por essa identificação da mãe com as necessidades da criança. Ao passo que a necessidade é primária, a pulsão, esta, é secundária, na medida em que se escora nessa necessidade. Assim, quando o bebê satisfaz sua fome, ele descobre o prazer. Em breve, a atividade de uma zona erógena se acopla a uma atividade auto-erótica em que a criança se satisfaz com seu próprio corpo. Melanie Klein igualmente dá muita importância a essa dupla função do seio: "O seio e o leite, no início, satisfazem a um só tempo o instinto de conservação e o desejo sexual"[22]. Nesse narcisismo primário, o objeto não existe (ou então só existe parcialmente) e a fonte e o objeto da pulsão permanecem confundidos. A criança tem a ilusão de criar esse seio que lhe proporciona prazer, quando ela experimenta a necessidade e a vontade.

Bowlby, rejeitando a teoria da pulsão secundária, faz do apego "uma necessidade primária, isto é, não derivada de nenhum outro"[23]. Sua abordagem difere radicalmente da de Freud. A perspectiva etológica chega a uma dessexualização do vínculo mãe-filho. O acento refere-se, antes, à se-

---

[21] R. M. Brunswick, "La phase préœdipienne du développement de la libido", in *Revue française de psychanalyse*, tome 31, nº 2, 1967, p. 269.

[22] M. Klein e J. Rivière, *L'Amour et la Haine* (1937), trad. franc. A. Stronck, Paris, P.B.P., 1984, p. 115.

[23] R. Zazzo, *L'Attachemenet* (1974), Neuchâtel, Delachaux e Niestlé, 1979, p. 226. *Cf.* J. Bowlby, *Attachement et perte*, vol. I: *L'Attachement*, trad. franc. J. Kalmanovitch, Paris, PUF, 1978.

gurança afetiva proporcionada por uma mãe suficientemente boa e presente. "O comportamento de apego preenche uma função de proteção"[24]. Ora, se não podemos "assimilar o que se passa entre a mãe e o filho a uma relação sexual"[25], entretanto não podemos negar a instauração de uma atividade pré-sexual. As carícias maternas envolventes e apaziguadoras fazem nascer na criança uma excitação ligada ao tato. Freud confirma isso em sua conferência sobre a feminilidade: "É realmente a mãe que deve, durante os cuidados corporais dados à criança, ter provocado e talvez até despertado primeiro sensações de prazer nos órgãos genitais"[26]. Depois a criança passa de uma posição passiva a uma posição ativa através de um prazer masturbatório. Assim, "a fantasia fálica mais precoce da criança é indubitavelmente aquela que consiste em desempenhar o papel de sua mãe em relação a ela mesma, tocando os órgãos genitais e provocando as mesmas sensações de prazer originalmente desencadeadas pela mãe"[27].

Para além da intensidade do vínculo fusional e corpóreo, um espaço separador preexiste sob a forma de um "interdito do tocar". Segundo Didier Anzieu, "o interdito do toque prepara e possibilita o interdito edipiano ao lhe fornecer seu fundamento pré-sexual"[28]. Para isso, a mãe deve estar previamente inscrita na lei, a fim de que suas carícias sejam marcadas pelo interdito de gozar do corpo de seu filho. Senão a sedução incestuosa superexcita a criança, para finalmente lhe fazer violência ao desorganizá-la. "O interdito do tocar", que se impõe à mãe e estrutura a criança, mais tarde se transforma, nas palavras maternas, numa interdição da atividade masturbatória da criança. A mãe suscita a ameaça de castração quando a criança, por sua vez, se torna ativa. Assim, aquela "que pelos cuidados dados à criança estimulou ou verdadeiramente desencadeou sua atividade fálica tenta agora proibir a masturbação infantil, que ela mesma provocou e de

---

[24] J. Bowlby, *op. cit.*, p. 380.

[25] C. Koupernik, in R. Zazzo, *op. cit.*, p. 121.

[26] S. Freud (1932), *Nouvelles conférences d'Introduction à la psychanalyse*, Paris, Gallimard, 1984, p. 162.

[27] R. M. Brunswick, *op. cit.*, p. 278.

[28] D. Anzieu, "Le double interdit du toucher", in *Revue française de psychanalyse*, nº 29, printemps 1984, p. 187.

que é o objeto"[29]. Se o paradoxo se exprime nitidamente na ambivalência materna, ele aparece de maneira menos visível, mas certa, no processo de maturação da criança. Com efeito, em sua busca do objeto originário, ela encontra organizações cada vez mais complexas que a afastam constantemente desse objeto incestuoso, sua libido se desloca e investe outros objetos, não submetidos a um interdito.

O primeiro acontecimento da vida do bebê passa pela experiência do destruído-encontrado, fundamento da diferenciação. Esse segundo nascimento de que fala André Green "é a perda do seio que permite ao Eu [*Moi*] nascer, isto é, ter acesso ao estatuto do Eu-realidade que assegura a distinção em relação ao objeto"[30]. No seio imaginário, mítico, que a criança pensa ter perdido e destruído num momento de raiva, sobrevive o seio real, primeiramente objeto parcial distinto, depois o objeto total. A emergência de uma desilusão ligada à incapacidade de recriar esse objeto que proporciona todos os prazeres entreabre a porta para o desejo. Um desejo que surge somente nessa experiência e que se inscreve na relação com o outro: "O desejo é o movimento pelo qual o sujeito é descentrado, vale dizer que a busca do objeto da satisfação, do objeto da falta, faz com que o sujeito viva a experiência de que seu centro não está mais nele mesmo, que ele está fora de si num objeto do qual está separado"[31].

Se o objeto "nasce no ódio", como sugere Freud, é porque ele "entrava o todo-poder narcísico"[32]. A criança descobre a realidade pela experiência da ausência e da falta. Com efeito, é bem porque "a preocupação materna primária" diminui, ou porque "a mãe volta a ser amante" ao investir de novo outros personagens que o recém-nascido, que este último é introduzido na espera do objeto e na falta. Ele sai de uma relação fusional, descobrindo, graças à falta, dois sujeitos distintos: sua mãe e ele mesmo. Se é a partir de um vivido "de frustração que nasce o Eu [*Moi*]"[33], a espera de uma satisfação não deve ultrapassar as capacidades que tem a criança, nessa ida-

---

[29] R. M. Brunswick, *op. cit.*, 287.
[30] A. Green, *Narcissisme de vie, narcissisme de mort*, Paris, Minuit, 1983, p. 136.
[31] *Ibid.*, p. 20.
[32] *Ibid.*, p. 49.
[33] J.-Chasseguet-Smirgel, *L'Idéal du Moi*, Paris, Tchou, 1975, p. 47.

de, de suportar a ausência. Ela arrisca então ser confrontada não com uma mãe frustrante, mas com uma "mãe morta psiquicamente"[34].

A incidência da separação mãe-criança foi estudada em sua vertente psicopatológica por Spitz (o hospitalismo), Guex (a síndrome de abandono). Segundo outros autores, "a catástrofe surge quando nos damos conta de que somos 'dois' seres separados e não 'um' com a mãe"[35]. Os junguianos estão de acordo com essa interpretação. O próprio Jung teria declarado que "de deixar a mãe, quase que disso morremos nós mesmos"[36]. A experiência é decerto dolorosa, mas, sem ela, o indivíduo permaneceria num não-ser; nenhuma assunção de um sujeito desejante adviria; nenhuma individuação nem estruturação do eu [*moi*] seria possível. O caráter vital dessa primeira separação nos parece insuficientemente abordado pela literatura psicanalítica, que põe o acento em sua vertente negativa, seus fracassos, fontes de angústia. Freud só aborda essa questão em duas retomadas: uma primeira vez quando interpreta o jogo do carretel de seu neto como reação à experiência desagradável da partida da mãe; a segunda vez, em 1926, quando reconsidera a sua teoria sobre a angústia. Ele articula a angústia notadamente à ausência sentida do objeto. Ele a considera como "reação sentida durante a perda do objeto"[37], durante o luto principalmente.

Winnicott, a meio caminho entre a concepção de Freud e a de Bowlby, traça "a passagem da dependência absoluta à independência"[38], sempre relativa. As fases de desenvolvimento do indivíduo num movimento perpétuo de vaivém, de regressão e de progressão. O objeto transicional (da mesma forma que o carretel de Freud) simboliza o trabalho de interiorização

---

[34] A. Green, *op. cit.*, p. 222.

[35] K. Kelley-Lainé, "Une mère, une terre, une langue. La place de la relation mère-enfant dans la psychanalyse hongroise", in *Le Coq-Héron,* "L'héritage Ferenczi", nº 125, 1992, p. 54.

[36] V. Thibaudier, "La notion de Grande Mère dans l'optique jungienne", in *Cahiers jungiens de psychanalyse*, nº 57, 2e trimestre 1988, p. 12.

[37] S. Freud, *Inhibition, symptôme et angoisse* (1926), trad. franc. M. Tort, Paris, PUF, 1990, pp. 98-102.

[38] D.W. Winnicott, "Le passage de la dépendance à indépendance dans le développement de l'individu", in *Processus de maturation chez l'enfant,* trad. franc. J. Kalmanovitch, Paris, Payot, 1970.

do objeto ausente, assim como a capacidade da criança de suportar a separação. Ausência e presença juntam-se num mesmo objeto, representando a um só tempo a mãe e a não-mãe. Em conseqüência, o filho possui "uma visão interna da mãe"[39]. Entretanto, ele só chega a uma separação progressiva quando sabe ou sente que, apesar de suas ausências, a mãe sempre voltará. Assim, antes de levá-la ao interior de si mesmo, terá sido preciso que ela se apresente como sempre disponível e que a cada um dos reencontros renasça e se consolide o apego. Quando uma base de "segurança afetiva" se instala, isto é, quando o apego é "suficientemente bom" e tranqüilizador, o filho busca sozinho descobrir um outro mundo que o de sua mãe. A interiorização do objeto será ainda mais fácil e rápida porquanto se trata de um "bom objeto" ao qual doravante criança, depois adulto, ele poderá constantemente se referir para se individualizar. "Quando um indivíduo tem confiança no fato de que uma figura de apego estará disponível para ele sempre que ele assim desejar, essa pessoa estará bem menos sujeita a um medo intenso ou crônico que uma outra que, por uma razão ou por outra, não possui uma tal confiança"[40]. Apego e separação estão, portanto, intimamente ligados, na medida em que a capacidade de se separar e sobretudo de bem viver a separação depende do vínculo de apego tecido com a mãe. Assim, o processo de separação está em estreita relação com a disponibilidade psíquica e física materna. Quando esta falta, angústia e insegurança prejudicam o apego psíquico e provocam fixações e desejos de proximidade física intensos. Ali onde a presença física foi sinônimo de falta e de carência, a presença psíquica do objeto ausente sublinhará essa falta. A criança oscilará entre "o desligamento afetivo" e "o ciúme possessivo"[41], dois comportamentos opostos, mas cujo objetivo é similar: evitar a separação dolorosa demais e fechar-se num amor exclusivo e fusional com a mãe. Segundo Germaine Guex[42], tais adultos permanecem "prematuros", não tendo sido nunca estruturados em bases edipianas. O acesso ao terceiro fica compro-

---

[39] D. W. Winnicott, *L'Enfant et sa famille* (1957), Paris, P.B.P., 1981, p. 193.

[40] J. Bowlby, *Attachement et perte*, vol. II: *La séparation, angoisse et colère*, Paris, Le fil rouge, PUF, 1978, p. 267.

[41] *Ibid.*, pp. 324-339.

[42] G. Guex, *Le Syndrome d'abandon*, Paris, PUF, 1950.

metido (mas não impossível) no momento em que a fixação materna se instaura. Buscar perpetuamente, num vínculo com o outro, a mãe idealizada pela falta contraria a instauração de relações outras que orais. A triangulação, que implica a separação da mãe, não pode ser integrada, já que se opõe ao movimento fusional. Assim, o interdito do incesto pode se revelar precário quando contraria a busca do abandônico. O sujeito desliza de uma mãe a uma "mãe *bis*" sem que o acontecimento da separação ocorra. Seu desejo não deixa lugar nem para o pai, nem para outros investimentos libidinais. Pior ainda: "A satisfação da atividade fundamental, tanto afetiva quanto oral, está pronta para acolher todos os gozos possíveis"[43]. Assim, a busca ilusória de afeição pode conduzir a uma relação de domínio perverso. Em troca de um pouco de amor, uma vítima de incesto, quando está numa busca oral, aceitaria inconscientemente submeter-se ao desejo do abusador? E este último não encontraria nessa criança uma outra mãe?

O risco materno

O risco materno se entende em dois níveis: aquele, para o filho, de permanecer fixado e preso numa relação fusional, ou pelo menos dual; aquele, para a mãe, de querer aí manter o filho, para seu próprio prazer. A injunção paterna, que vem proibir a volta ao ventre materno, visa, portanto, eliminar esse duplo perigo.

Quando um pai priva o filho do objeto de seu desejo, ele lhe torna possível a assunção simbólica ao impor uma triangulação. Esse "rival constrangedor"[44] não permite à pulsão atingir seu objetivo, obrigando-a, ao contrário, constantemente, a dele se desviar. Assim, o filho não pode fantasiar uma cena primária de auto-engendramento com sua mãe pois está referido a um terceiro que o inscreve na diferença das gerações. A ilusão de que um dia a realização de desejos edipianos possa acontecer ("quando eu for grande, vou me casar com mamãe") leva o filho a cultivar esse sonho até dele progressivamente se desfazer. Embora o livre de sua relativa dependên-

---

[43] *Ibid*, p. 91.
[44] S. Freud, "La féminité", in *Nouvelles conférences sur la psychanalyse* (1932), *op. cit.*, p. 163.

cia, a busca do sujeito permanece a de uma volta ao "paraíso perdido". Mas, com o aparecimento do terceiro, suas fantasias não são mais somente fusionais, mas igualmente incestuosas. A fantasia de uma união com a mãe se traduz no pensamento junguiano pelo desejo de um "renascimento" no qual o filho nasceria de sua própria carne. "Voltar à mãe para ser de novo posto no mundo por ela"[45] nutre-se de uma fantasia de "sem pai". O incesto também significaria, portanto, um real desejo "de fecundar a mãe e de assim se reproduzir idêntico a si mesmo"[46]. O fechamento numa imagem especular remete a uma vontade de todo-poder que implica uma dimensão mortífera. Usurpar o lugar paterno, identificando-se com o falo, é negar a lei e a triangulação.

Uma questão se coloca: será que o único verdadeiro incesto, incesto fusional, é o incesto homossexual mãe-filha, que exclui quaisquer diferenças[47]? O incesto pai-filha "raramente culmina em psicose"[48] na vítima, já que o abusador não é o primeiro, mas o segundo objeto com o qual a criança está confrontada. Entretanto, a problemática edipiana está comprometida quando a criança permanecer presa à imagem materna, ou quando for introduzida prematuramente numa sexualidade de adulto. O indivíduo oscila em organizações iguais às dos estados-limites, que não o inscrevem nunca numa estrutura psicótica ou neurótica, fusional ou triangular. É este o risco materno para uma criança que permanece nesse desejo originário.

Se o perigo é facilmente entrevisto do lado da criança, ele permanece pouco estudado quando o desejo incestuoso ou fusional vem da mãe. Trata-se de mães que nunca ofereceram à sua progenitura a possibilidade de viver a separação, tanto ela lhes é insuportável. O filho delas se apresenta como um prolongamento delas mesmas, preso nos próprios desejos de fusão dessas mães. No sentido lacaniano, essas mulheres se tomam pela "origem", confundindo sua função de procriadora (transmitir a vida) com a de um criador. Elas gozam de um sentimento de todo-poder, velando a inca-

---

[45] G. Guy-Guillet, L'inceste à travers les métamorphoses de l'âme et ses symboles, in *Cahiers de psychologie jungienne*, nº 4, fév. 1975, p. 6.

[46] *Ibid.*

[47] *Cf.* J. Chasseguet-Smirgel, *op. cit.*, p. 46.

[48] *Ibid.*

pacidade que têm de viver a falta que o filho deve preencher, assim como a castração. A foraclusão do Nome-do-Pai é a marca dessa impossibilidade de dar conta do terceiro e de se submeter à lei. Elas não podem orientar o desejo da criança para o Outro.

Para que o ser de desejo possa nascer, é necessário que cada um – pai, mãe, filho – articule seu desejo numa relação com o Outro. É o contrário que acontece quando uma mãe não deixa aparecer ao filho o terceiro (pai – Outro – Origem). Tais mães, fálicas, castradoras, intrusivas e devoradoras, vivem apenas para uma fusão física e psíquica. Então, como sublinha Joël Dor, "é porque o todo-poder materno reina que a função paterna não tem de modo algum razão para existir. O desejo da mãe nunca é referido ao pai, o do filho permanece circunscrito à mãe sob o modo imaginário e arcaico [...]: ser o único objeto de desejo do outro, ou seja, ser seu falo imaginário"[49]. O pai introduz, tanto do lado da mãe quanto do lado do filho, o interdito fusional. Quando não é o caso, é a psicose: "O Nome-do-Pai é *verworfen*, foracluído, isto é, nunca vindo ao lugar do Outro"[50].

Como o envelope corporal e psíquico não pode ser individual, ele se torna familiar. "O postulado fusional coloca a família como unidade simbiótica em que é proibido diferenciar-se"[51]. A separação e a individuação destruiriam essa vontade de que o outro não tenha vida e desejos próprios. Se o funcionamento dessas famílias não tem a ver com a psicose, é simplesmente porque o terceiro existe, mas como excluído. Reconhecido em sua função separadora, ele é mantido à distância. Assim, o sistema das alianças se funda num "dois contra um". Jacques Hochmann fala, a esse respeito, de "triângulo pervertido, no qual duas gerações buscam escondido se fusionar"[52]. Como no perverso, a denegação é então uma defesa e, no caso, contra a angústia de separação.

---

[49] J. Dor, *Le Père et sa fonction en psychanalyse*, Point Hors Ligne, 1989, p. 129.

[50] J. Lacan, "D'une question préliminaire à tout traitement possible de la psychose", in *Écrits*, Paris, Seuil, 1966, p. 95.

[51] J. Hochmann, *Pour une psychiatrie communautaire*, Paris, Seuil, 1971, p. 147.

[52] *Ibid.*, p. 160.

Em resumo, "a experiência triangular frustra continuamente o desejo fusional e é geradora de uma angústia de separação"[53]. Visto sob esse ângulo, "o incesto não é o Édipo, é mesmo até o contrário"[54], já que a relação não se situa na triangulação, mas, antes, na fusão e, portanto, num vínculo estreito com a oralidade. Racamier introduz a noção de "incestual" para qualificar "tudo o que na vida psíquica individual e familiar traz a marca do incesto, um incesto não fantasiado, encenado (fantasia-não fantasia), embora não necessariamente em formas incestuosas"[55]. Esse conceito se articula ao de "sedução narcísica", num registro mais arcaico, e, portanto, materno, do que o considera a teoria freudiana da sedução. A criança fica presa numa relação "incestual" ou "pára-incestuosa" em que está em jogo "uma cena primária de morte"[56], já que o elemento terceiro dela está ausente. Trata-se de uma "anti-cena primária em que a família regride a um aparelho psíquico grupal mais primitivo, reduzindo todas as diferenças de sexos e de gerações, refugiando-se na ilusão de um grupo perfeito, magma indiferenciado de eus individuais, fusionando-se e se apertando mortalmente como em espelho"[57]. Jeanine Chasseguet-Smirgel, em *O Ideal do eu*, evoca a morte psíquica consecutiva a um incesto. A morte se transmite, assim, através de "filiações vergonhosas"[58] ou "narcísicas"[59]. Se "a filiação por duplicação é portadora de morte"[60], a filiação por diferenciação é portadora de vida.

---

53 *Ibid.*, p. 146.

54 P.-C. Racamier, "Autour de l'inceste", in *Gruppo*, *op. cit.*, p. 50.

55 *Ibid.*, p. 64.

56 A. Ruffiot, "Famille cherche scène primitive tolérable", in *Gruppo*, nº 7, "Le familial et le sexué", Paris, éd. Apsygée, 1991, p. 113.

57 *Ibid.*, p. 104.

58 E. Martimor, "Les filiations honteuses. Leur rôle dans la détermination de certains délits", in *Annales médico-psychologiques*, tome 2, nº 3, 1968, p. 3471.

59 J. Andrieux-Le Guirriec *et al.*, "Filiations para-incestueuses", in *Annales médico-psychologiques*, vol. 139, nº 7, 1981, pp. 833-837.

60 J. Guyotat e M. Audras, "Économie dépressive et filiations", in *Revue française de psychanalyse*, vol. 40, tome 2, nº 5-6, 1976, p. 1077.

Dos modelos da sedução ao ato sedutor incestuoso

O termo sedução contém, em sua raiz latina, a noção de enfeitiçamento, de fascinação: trata-se "de arrastar alguém por um encanto irresistível"[1] à "corrupção". Nesse tipo de relação a dois, o perverso consegue arrancar um gozo proibido daquele que luta contra seu desejo. "O perverso age ali onde o neurótico reprime seus impulsos"[2]. Além disso, ele instaura um vínculo sadomasoquista, ativo-passivo, sobre o qual se articula uma relação de domínio, isto é, "de apropriação e de despossessão do outro"[3]. Segundo Dorey, "o perverso trabalha em relação ao desejo recalcado do outro, ele o seduz em relação a esse desejo e o captura, prendendo-o numa relação dual e especular em que o outro perde seu desejo e sua individualidade"[4]. Aquele ou aquela que se submete à lei do perverso repete o desejo de ser seduzido(a), como mostra Freud em seu artigo "Uma criança é espancada". Durante a segunda fase, a mais profundamente recalcada dessa fantasia, a menina imagina "ser espancada pelo pai". Ela exprime, assim, "o desejo incestuoso de ser amada pelo pai"[5]. Se é "normal e mesmo necessário que

---

[1] Le Robert, *Dictionnaire de la langue française* (tome VIII), éd. Le Robert, Paris, 1987, pp. 670-671.

[2] J. Clavreul, "Le pervers et la loi du désir", in *L'Inconscient*, nº 2, avril 1967, p. 79.

[3] R. Dorey, "La relation d'emprise", in *Nouvelle Revue de Psychanalyse*, nº 24, automne 81, Gallimard, p. 118.

[4] R. Dorey, *ibid.*, p. 119.

[5] S. Freud, "Un enfant est battu" (1919), in *Névrose, psychose et perversion*, *op. cit.*, p. 235.

ao longo de seu desenvolvimento a menina tente seduzir seu pai"[6] e sobretudo nutra fantasias incestuosas para com este, "a tarefa delicada que incumbe ao pai em relação à sua filha é proibir-se ele mesmo como objeto de desejo a fim de lançar sobre um outro o desejo de sua filha"[7]. O perverso, este, assim como a maioria dos pais incestuosos, orienta-se para o desejo passivo de sua vítima. Esta se deixa "submeter ao desejo do outro para não ter mais que desejar"[8], mas igualmente para não ter mais que assumir sua parte de culpa. Na fantasia "sou espancada por meu pai", a menina goza dessa posição passiva "de deixar levar" ou "de deixar-se levar". O filho encena aqui novamente a passividade da relação arcaica com a mãe: quando esta última cuida de seu bebê ao mesmo tempo que o desperta para o prazer sexual.

A sedução incestuosa considerada um sadomasoquismo latente comporta uma identificação com o agressor. Por outro lado, é preciso conceber o traumatismo incestuoso como o entrechoque da fantasia e da realidade.

A sedução deve ser encarada em sua dupla vertente: paterna e materna[9]. Quando tratamos do "postulado fusional" ou do vivido "incestual", em filigrana se perfilava a teoria da sedução revista por Jean Laplanche. Assim, uma sedução originária (materna) "que em nada decorre do atentado sexual"[10] teria despertado cada criança para a sexualidade e isto sem que nenhuma noção de traumatismo transparecesse, ao inverso de uma sedução paterna, sempre considerada sob o ângulo da violência. A sedução materna é paradoxalmente concebida como fantasia/realidade originária.

No fim do século XIX, a medicina legal revelava aos olhos de todos a realidade das sevícias impostas às crianças. Nos anos 1895-1896, "sabemos que Freud assistia no necrotério de Paris às aulas de Brouardel e que lá viu coisas que a ciência preferia ignorar"[11]. Iria igualmente descobrir

---

[6] G. Bersihand, *Les Filles et leurs pères*, Paris, Robert Laffont, 1987, p. 65.

[7] J. Clerget, *Être père aujourd'hui*, Lyon, Chronique sociale, 1979, p. 102.

[8] M. Bertrand, "La séduction dans la littérature psychanalytique", in *Études freudiennes*, nº 4, mars 1986, p. 144.

[9] *Cf.* J. Laplanche, "De la théorie de la séduction restreinte à la théorie de la séduction généralisée" (1987), in *Nouveaux Fondements pour la psychanalyse*, Paris, PUF, 1990, pp. 103-148.

[10] J. Laplanche, *op. cit.*, p. 126.

[11] J.-M. Masson, *Le Réel escamoté: le renoncement de Freud à la théorie de la séduction*, Paris, Aubier, 1984, p. 55.

no discurso de suas pacientes esta sinistra realidade: "Parece-me certo que nossas crianças são expostas às agressões sexuais com muito mais freqüência do que se esperava"[12] e, "quanto às dúvidas relativas à autenticidade das cenas sexuais infantis, é possível desde agora infirmá-las com mais de um argumento"[13]. Freud compreende que a criança tem uma sexualidade que é marcada pela perversão dos adultos. O incesto toma lugar nesse quadro: "E fico sabendo que esse pretenso nobre e respeitado pai tomara o hábito de trazê-la para sua cama para entregar-se sobre ela a ejaculações externas"[14]. Suas pesquisas sobre a etiologia da histeria o levam a formular sua teoria da sedução. Partindo do traumatismo e dos sintomas associados a este, ele remonta à fonte do conflito para inevitavelmente constatar uma passagem ao ato sexual. "Seja qual for o caso e seja qual for o sintoma de onde se tomou sua partida, sempre se acaba chegando ao âmbito da experiência sexual"[15]. Ulteriormente, ele acaba por concluir que não se trata de ato, mas de fantasia. Certos autores pensam que ele nunca renunciou totalmente à tese da sedução real, já que ele passa do pai sedutor à mãe sedutora. Outros lamentam esse abandono. Marie Balmary denuncia "o recalque de uma descoberta"[16]: Freud não podia aceitar "a teoria do erro do pai"[17].

Na nossa opinião, Freud nunca conseguiu reorganizar sua primeira hipótese. Uma carta de Anna Freud endereçada a Malcolm mostra isso: "Manter a teoria da sedução corresponderia a abandonar o complexo de Édipo, ao mesmo tempo que a importância da vida fantasmática, consciente ou inconsciente; na verdade, penso que não haveria mais psicanálise"[18].

Subsiste da primeira concepção freudiana "uma aquisição da psicanálise: é a teoria dita do *après-coup*, ou ainda do traumatismo em dois tem-

---

[12] S. Freud, "L'étiologie de l'hystérie" (1896), in *Névrose, psychose et perversion*, *op. cit.*, p. 99.

[13] *Ibid.*, p. 96.

[14] S. Freud, *La Naissance de la psychanalyse* (1897-1902), trad. franc. A. Berman, Paris, PUF, 1956, p. 173.

[15] S. Freud, *L'Étiologie de l'hystérie*, *op. cit.*, p. 157.

[16] M. Balmary, *Le Sacrifice interdit*, Paris, Grasset, 1986, p. 12.

[17] M. Balmary, *L'Homme aux statues*, Paris, Grasset, 1979, p. 68.

[18] J. Malcolm, *Tempête aux archives Freud*, Paris, PUF, 1986, p. 64.

pos"[19]. Na infância, durante o período pré-sexual, o efeito perverso do traumatismo não é interpretado como tal, ainda que tenha provocado uma superexcitação. Numa segunda fase, na chegada da puberdade, a lembrança adquire todo o seu valor sexual. "É então a lembrança da primeira cena que desencadeia a subida da excitação sexual pegando o 'eu' [*moi*] desprevenido, deixando-o desarmado"[20]. Segundo Freud, "as mudanças provocadas pela puberdade tornaram possível uma compreensão nova dos fatos rememorados"[21]. Veremos através dos casos de incesto que a descoberta tardia de transgressões e de gozos proibidos favorece a criação *après-coup* do traumatismo incestuoso.

Quando se trata de incesto ou de atentado aos costumes, após a passagem ao ato, o eu da vítima é subitamente confrontado com a confusão dentro-fora, uma vez que os limites corporais e psíquicos literalmente foram deslocados. Fantasia e realidade, realidade psíquica e realidade exterior entrechocam-se violentamente, num movimento de destruição da personalidade. Parece-nos que não pode haver terapia construtiva se o terapeuta e a vítima não distinguirem cada um desses registros em seu funcionamento respectivo. Paradoxalmente, embora imbricadas, essas duas realidades devem permanecer suficientemente distintas para não deixar o eu soçobrar numa confusão de tipo psicótico. Resta saber se o grau do traumatismo varia conforme o indivíduo fantasiar uma sedução ou sofrê-la efetivamente e se a psicopatologia que se segue tiver a ver com uma neurose. A efração corporal se duplica por uma efração do eu e do simbólico: "Os processos de pensamento e de linguagem são atingidos"[22], já que nada pôde ser dito sobre o momento, tanto a violência era impensável para o eu. Por isso pode acontecer de uma descompensação psicótica aparecer após um incesto.

---

[19] J. Laplanche, "De la théorie de la séduction restreinte à la théorie de la séduction généralisée" (1987), in *Nouveaux Fondements pour la psychanalyse*, Paris, PUF, 1990, p. 111.

[20] J. Laplanche e J.-B. Pontalis, *Fantasme originaire, fantasme des origines, origine du fantasme* (1964), Paris, Hachette, 1985, p. 24.

[21] S. Freud, *La Naissance de la psychanalyse*, *op. cit.*, p. 366.

[22] Élisabeth Bigras, "Traitement psychanalytique des victimes d'inceste père-fille", in *Nervure*, nº 2, mars 1988, p. 64.

Freud descobriu a origem e as modalidades da histeria através da teoria da sedução. Ele teve de reconhecer em seguida que suas conclusões eram errôneas, contrariamente ao que ele havia afirmado: "Acaba-se inevitavelmente chegando ao campo da experiência da vida sexual"[23]. Com efeito, esse postulado não se fundava no discurso de suas pacientes, mas bem mais no que ele queria ouvir.

Quando Ferenczi, o discípulo, retoma o pensamento primeiro de seu mestre, em "Confusão de língua entre os adultos e a criança"[24], ele desperta em Freud uma ferida jamais cicatrizada. Freud o renega. No entanto, o texto de Ferenczi faz estranhamente eco à hipótese emitida por Freud em 1896: "A objeção [...] de que se tratava das fantasias da própria criança, isto é, de mentiras histéricas, perde infelizmente sua força, em razão do número considerável de pacientes, em análise, que confessam eles mesmos vias de fatos com crianças"[25]. Mas, em seu texto, Ferenczi aborda a problemática fantasia-realidade sob o ângulo de uma confusão de língua, confusão do sentido e dos sentidos, provocada por um ato perturbado e perturbador. Jean Laplanche nomeia "significantes enigmáticos"[26] esse tipo de sedução "em que o adulto propõe à criança tanto significantes não verbais quanto verbais, até mesmo comportamentais, impregnados de significações sexuais inconscientes"[27], cujo sentido a criança é incapaz de entender. A erotização de um ato parental não tem sentido ou, ao contrário, toma sentido demais: há agitação e superexcitação, de imediato e/ou no *après-coup*.

Como dissemos, a psicanálise só admite como sedutor o ato materno ("involuntário") incluído nos cuidados dados à criança. Sustentar que o pai pode ser realmente abusador, como fez Ferenczi, foi interpretado equivocadamente como a volta do "pecado do pai"[28]; mais particularmente dos peca-

---

[23] S. Freud, *L'Étiologie de l'hystérie*, in *op. cit.*, p. 157.

[24] S. Ferenczi, "Confusion de langue entre les adultes et les enfants", in *Psychanalyse. Œuvres complètes*, tome 4 (1927-1933), Paris, Payot, 1970, pp. 125-135.

[25] S. Ferenczi, *op. cit.*, p. 129.

[26] J. Laplanche, *op. cit.*, p. 125.

[27] *Ibid.*

[28] M. Balmary, *L'Homme aux statues, op. cit.*, p. 53.

dos de Jakob e Sigmund Freud. Como "Freud teve de recalcar o que pôde adivinhar dos erros de seu pai"[29], ele ficou incapaz de retomar a questão da sedução. Em todo caso, é assim que exprime com virulência Marie Balmary, subscrevendo às palavras de Masson.

O recalque freudiano, e o da psicanálise em geral, encontrou o recalque social. Com efeito, até os anos 1970-1980, as sevícias sexuais cometidas contra crianças foram ignoradas. E "o que outrora se chamava sedução (*Verführung*) chama-se correntemente hoje *sexual abuse* (estupro ou atentado ao pudor) incestuoso ou extrafamiliar"[30]. O passado ressurge remodelado.

Laplanche propõe uma terceira perspectiva: a teoria da sedução generalizada e, mais ainda, a análise de um ato incestuoso com as ferramentas da metapsicologia. O complexo de Édipo permanece universal e as fantasias originárias permanecem fundadoras da personalidade, mas o incesto realizado não infirma a teoria freudiana. O equívoco de Freud é ter querido constantemente interpretar a passagem ao ato incestuoso como realização do complexo de Édipo, superpor mito e realidade. Ora, como sublinhamos, "o incesto não é o Édipo, é mesmo até o contrário dele"[31]. Não é tão simples assim, pois acontece (raramente, é verdade) de a dimensão edipiana prevalecer. Mas, sublinha Racamier, é que trabalhar a questão da sedução sob o ângulo restritivo do complexo de Édipo inevitavelmente fada o pesquisador a se orientar num impasse.

---

[29] *Ibid.*

[30] P. Sabourin, "L'héritage suspendu", in *Le Coq-Héron*, "L'héritage Ferenczi", nº 125, 1992, p. 37.

[31] P.-C. Racamier, "Autour de l'inceste", in *Gruppo, op. cit.*, p. 50.

Segunda parte

Máscaras e rostos: retrato psicossocial da família incestuosa

A suspensão do silêncio

A história de uma fala reencontrada

Se o incesto sempre existiu, ele antigamente não atingia a taxa de gravidade que lhe é atribuída de alguns anos para cá. Assim, até o século XVII, os adultos "se divertiam" com freqüência com as crianças pequenas. O caráter lúdico dessas atividades sexuais não inspirava o olhar reprovador da sociedade. A propósito da educação sexual de Luís XIII, que durou até a idade de sete anos, Philippe Ariès nota: "Durante seus três primeiros anos, ninguém tem repugnância ou vê mal em tocar, de brincadeira, as partes sexuais dessa criança: 'A marquesa de Vermiel costumava pôr a mão sob seu gibão; ele deitava na cama da ama onde ela brincava com ele, pondo sua mão sob seu gibão'"[1]. O estatuto da criança começa a mudar no fim do século XVII. Ela assume um lugar bem distinto no seio da família e não é mais, dali por diante, considerada um "adulto em miniatura". A mulher descobre em si um amor materno. "É Rousseau, com a publicação de *Emílio* em 1762, quem cristaliza as idéias novas e dá o verdadeiro tiro de partida da família moderna, isto é, a família fundada no amor materno"[2].

Entretanto, o pai conserva seu poder, legitimado por leis editadas por homens. Se, "no antigo direito romano, o *pater familias* podia matar o

[1] P. Ariès, *L'Enfant et la vie familiale sous l'Ancien Régime*, Paris, éd. du Seuil, 1973, p. 142.
[2] E. Badinter, *L'Amour en plus*, Paris, Flammarion, 1980, p. 42.

filho e dispor dele como quisesse"[3], seus poderes sobre mulheres e crianças se conservaram até o século XX.

A estrutura familiar do fim do século XIX se apresenta em constante mutação. Progressivamente, a imagem da criança assume os traços de uma figura amável, adorável, ao passo que a mulher é confinada numa realidade pouco valorizadora, exceto na maternidade.

A partir de 1870, vários trabalhos de medicina legal expõem e denunciam a realidade dos maus-tratos de que são vítimas as crianças. "Os crimes de estupro e de atentado ao pudor com crianças aumentaram de maneira notável desde 1825"[4]. E, "entre 1826 e 1830, contavam-se em média anual 136 casos de estupro ou atentado ao pudor com crianças. Entre 1856 e 1860, esse número será multiplicado por quatro: 684 casos"[5]. O apogeu se situa entre 1876 e 1880, quando, em média, 791 casos foram julgados por ano. A.-M. Sohn se interroga sobre a origem desse movimento: "Essa expansão de crime contra a infância será devida à denúncia nova de práticas durante muito tempo toleradas e doravante condenadas, ou então terá sua origem no enfraquecimento dos interditos sociais que permitiriam a passagem ao ato que durante muito tempo permaneceu como fantasia?"[6]. Segundo Tardieu, "esse aumento desfavorável do número de crimes contra os costumes [...] é, sem dúvida alguma, a conseqüência do desenvolvimento de nossa indústria e da aglomeração que ela traz"[7]. Essa urbanização maciça teria conduzido não só a um aumento dos crimes e dos estupros, mas igualmente a uma concentração excessiva dos indivíduos no seio dos lares. Brouardel conclui que, quando "toda uma tribo vive numa mesma peça, fatos como esse [incestuosos] podem acontecer entre parentes"[8].

---

[3] J. Imbert, *Le Droit antique et ses prolongements modernes*, Paris, coll. Que sais-je?, PUF, 1976, p. 93.

[4] P. Bernard, *Des attentats à la pudeur sur les petites filles*, Paris, Octave Doim, 1886, p. 31.

[5] A.-M. Sohn, "Les attentats à la pudeur sur les fillettes et la sexualité quotidienne en France" (1870-1939), in *Violences sexuelles*, Paris, éd. Imago, 1989, p. 71.

[6] *Ibid.*, p. 72.

[7] A. Tardieu, *Études médico-légales sur les attentats aux mœurs*, Paris, J. & B. Baillère éd., 1867, p. 12.

[8] P. Brouardel, *Les Attentats aux mœurs*, Paris, Corbeille, 1909, p. 131.

Outros estudos se orientam numa repartição geográfica dos crimes e dos atentados ao pudor. A esses estudos Lacassagne acrescenta um "calendário criminoso". O estupro constituiria "o crime sobre o qual a temperatura age da maneira mais manifesta. Maio, junho, julho, agosto são os meses genésicos por excelência [...] os meses frios são anafrodisíacos"[9]. Alguns descobrem com surpresa que o incesto não só acontece e é denunciado com mais freqüência nas grandes cidades que no campo, mas que é sobretudo o apanágio das "classes ricas"[10].

Os dados nos quais se apóiam os médicos legistas emanam dos julgamentos oriundos dos tribunais. Ora, "de maneira geral, no século XIX, ainda numerosos franceses têm repugnância ou hesitam em ir à justiça"[11]. Assim, seus estudos se referem apenas a uma amostragem restrita da população vítima de abusos sexuais. Na época, a importância da reputação, sobretudo quando o culpado era um notável, conduzia muitas pessoas "a negociarem uma indenização"[12] sem passar pelo viés da justiça. Brouardel levanta, por outro lado, o problema das falsas acusações visando aviltar um indivíduo que se quer prejudicar. Alguns pais não hesitam em utilizar os filhos a fim de acertar desavenças. Ainda que permaneça difícil distinguir entre uma fala mentirosa e um segredo guardado (ou partilhado), um fenômeno social aparece. É possível que esse sinal de alarme tenha levado o adulto progressivamente a querer proteger ainda mais sua descendência.

As vítimas são em sua maioria meninas com menos de quinze anos. Às vezes até crianças pequenas sofrem tais abusos. Se os atentados ao pudor podem dizer respeito à infância, o estupro toca à adolescência e à pré-adolescência. O agressor costuma ser um homem com idade entre vinte e trinta anos, atraído por meninas de quinze anos; ele procura relações sexuais. Ao inverso, os homens de sessenta anos voltam-se mais para as crianças pequenas e impõem-lhes toques. No conjunto da população julgada a essa época, vinte e um por cento dos acusados eram "homens da família, a sa-

---

[9] A. Lacassagne, "Marche de la criminalité en France de 1825 a 1880", in *Revue scientifique*, 1881, p. 24.

[10] P. Bernard, *op. cit.*, p. 36.

[11] A.-M. Sohn, *op. cit.*, p. 95.

[12] *Ibid.*, p. 94.

ber, o pai (principalmente), o padrasto, o avô, o primo, o tio, o irmão ou o amante da mãe"[13].

O incesto se consuma quase sempre em "momentos de inconsciência" ou de fraqueza. Assim, o primeiro motivo evocado pelo acusado e assinalado pela justiça é o alcoolismo. "Numa família como esta, não é de se espantar se o pai, o irmão, voltando bêbados, certas noites, acabem tendo uma aproximação sexual com a filha ou a irmã"[14], diz Brouardel. O pai viúvo procura preencher a falta afetiva e sexual com a filha. O culpado se torna quase vítima e costuma se aproveitar da irresponsabilidade. Daí a forte taxa de absolvições nessa época.

Ao longo dos anos, o silêncio progressivamente se instala. A sociedade abafa a importância desse crime impensável. Quando Freud abandona sua teoria da sedução, ele simultaneamente faz do incesto realizado o tabu da psicanálise.

O silêncio científico curiosamente se duplica de um silêncio social até os anos 1970. Esse período de incubação talvez corresponda ao tempo necessário ao questionamento dos modos parentais às vezes enfraquecidos?

Em seu filme *O sopro no coração* (1971), Louis Malle põe em cena um adolescente "que devota uma verdadeira paixão, paixão exclusiva e ciumenta"[15] à mãe. Seu ardor o leva, numa noite de festa, nos vapores etílicos, a consumar um incesto. Nenhuma conotação dramática emana dessa cena.

Sob o impulso dos movimentos feministas, a questão dos maus-tratos e dos abusos sexuais é levantada publicamente. Por outro lado, associações se fundam. O incesto torna-se uma realidade impossível de ser contida na mentira e no segredo. Em 1989, o Estado lança uma campanha de sensibilização relativa aos abusos sexuais, dentre eles o incesto[16]. O mundo

---

[13] A.-M. Sohn, *op. cit.*, p. 83.

[14] P. Brouardel, *op. cit.*, p. 131.

[15] M. Capdenac, "L'état de grâce", in *Les Lettres françaises*, nº 1384, 5-11 de mai 1971, p. 17.

[16] "Os abusos sexuais em relação às crianças: como lhes falar disso" (brochuras destinadas aos pais e profissionais); "Permissão de prudência" (destinado às crianças). Documentos completados com cartazes publicitários, financiados pelo Ministério da Solidariedade, da Saúde e da Proteção Social.

educativo e o mundo judiciário recebem documentação e formação sobre o problema das violências sexuais.

No recinto dos palácios de justiça, o número de casos aumenta de maneira significativa, ao mesmo tempo que uma nítida tendência a criminalizar o incesto. "O incesto tornou-se um dos crimes mais julgados [...] o número de casos multiplicou-se por cinco em três anos (desde 1988)"[17].

O último julgamento

Vários quadros[18] reúnem os dados estatísticos de nossa investigação. O primeiro repertoria os dossiês nos quais se apóia nossa análise. Notemos que, até 1989, o número de casos julgados no tribunal correcional é preponderante e aproximativamente constante, ao passo que o incesto só excepcionalmente[19] chega ao tribunal do júri. Doravante, o incesto é com muito mais freqüência condenado e, sobretudo, criminalizado, o que é lógico. No entanto, todos estão de acordo em declarar que o número de processos não é consecutivo a um aumento do número das passagens ao ato – das quais, aliás não se tem nenhuma estimativa confiável. Tratar-se-ia antes da suspensão de um segredo durante muito tempo contido. A fala das vítimas, até então sufocada, libera-se mais facilmente porque encontra um ouvido sensibilizado para o problema e, em conseqüência, disposto à escuta de um sofrimento até então dificilmente ouvido.

Em conclusão, a inclinação recente dos juízes para criminalizar o incesto (visto como um desvio muito mais grave do que anteriormente) dá conta, paralelamente, dessa dupla expectativa social: julgar com mais freqüência e com mais severidade os atos incestuosos. Assim, o mundo judiciário revela o remanejamento individual e coletivo (de que não está isento)

---

[17] Pesquisa realizada junto à metade dos tribunais do júri da França in *Lyon-Libération*, em 10 de julho de 1992.

[18] Ver anexos, pp. 181 e segs.

[19] Nossa amostragem reflete as proporções nacionais: para o ano de 1987, 266 casos de atentados ao pudor e 66 casos de estupros foram recenseados. *Le Glaive e la Balance*, M6, 1991.

de nossa relação com o incesto e com seu tabu, cujas primeiras emanações datam de 1989 e as primeiras confirmações do ano seguinte.

Nossa iniciativa na análise dos dossiês e da história singular de cada família incestuosa orientou-se, primeiramente, para o lugar ocupado pela criança no desejo dos outros e sua situação nas gerações e nas vicissitudes familiares.

Confusão de amor

Precariedade dos vínculos

No abusador, a dificuldade de endossar a função simbólica paterna se associa a uma incapacidade de investir afetivamente a criança. "Eu não estava preparado para isso [...] eu não conseguia me apegar" (A)[1], declara um pai desmunido ao ser confrontado com a criança. As palavras de sua vítima fazem eco ao que ele diz: "Não posso dizer que gosto muito do papai, aliás não gosto de chamá-lo assim, pois ele nunca cuidou de nós". A indiferença paterna assume um sentido na passagem ao ato. As palavras desta mãe confirmam isso: "Ele nunca cuidou dos filhos, nem para falar ou brincar com eles [...] por isso fiquei surpresa de descobrir tudo o que tinha podido acontecer. Com efeito, ele nunca cuidava de G." (A). É como se o incesto e a aproximação corporal visassem instaurar um vínculo até então inexistente. O próprio abusador costuma dizer: "Tentei ser um bom pai; e aí, fiz essa babaquice. Tentei construir uma relação com ela; é muito difícil"

---

[1] As citações são extraídas dos dossiês das cinqüenta e duas famílias estudadas. A letra entre parênteses indica o tipo de jurisdição: A = atentado ao pudor; E = estupro. Não deve causar espanto uma certa uniformidade de tom nos discursos e declarações de cada um, nem o academismo de certas formulações. É que a fala espontânea dos acusados assim como das vítimas é filtrada e corrigida pelo discurso dos funcionários, escrivães e outros agentes de justiça.

(A). Ou ainda: "Quando eu era pequeno, não tive família. Tentei construir uma e infelizmente voou tudo em pedaços" (A). Esses homens costumam repetir em sua relação com a criança o que eles mesmos viveram de desinteresse parental numa família numerosa em que cada um devia criar-se sozinho, sem real afeição materna, sem referência paterna estável. As referências filiais e identificadoras ficaram para sempre precárias. Assim, certos pais experimentam dificuldades em se situar em relação a seus irmãos; outros, criados por outras famílias desde bem pequenos, não têm nenhuma noção da família. Assim como eles, seus filhos "vieram ao mundo assim" (A), sem inscrição num desejo parental, simples efeitos do ato de reprodução.

Na mãe, o desinvestimento para com o filho começou por uma gravidez não desejada, seguida de uma rejeição do recém-nascido. "Ela teria engolido qualquer coisa para abortar" (A), declara um pai. Se, no entanto, o filho nascer, a Assistência Pública pode momentaneamente suplementar a função materna: "Ela não podia fazer de outro jeito, eu sabia que ela queria nos pegar de volta" (E), diz um filho. Após meses, até mesmo anos de colocação junto a outras famílias, essas mães pegam de volta o filho quando decidem viver novamente em casal. As futuras vítimas vão experimentar dificuldades constantes de reinvestir uma mãe que as abandonou.

As gestações inopinadas podem se suceder, frutos de relações com um ou vários homens, dos quais nenhum assegura uma função paterna. Certas mães guardam com ciúme o segredo sobre a identidade do genitor. Será a expressão de uma violenta rejeição, tanto do pai potencial quanto da criança? Essa atitude ulteriormente se traduz por uma violência verbal ou física devastadora: "Eu deveria tê-la abandonado quando nasceu" (E). Certas crianças são espancadas: "Fomos entregues a outra família por causa das surras que nossa mãe nos aplicava [...] ela batia em nós o tempo todo" (E). Todas as meninas vítimas de abusos foram crianças rejeitadas. Como mostram as palavras desta avó materna: "O que é surpreendente é que D. tocou nas duas meninas de que minha filha gostava menos" (E). O abusador orientar-se-ia preferencialmente para uma criança fragilizada por uma carência materna. Talvez também a futura vítima só procure afeição ali onde parece haver, deixando-se cair na armadilha da ilusão? O incesto não é, em última instância, a resposta ao desejo materno inconsciente de arrancar a criança de sua genealogia? A história dos dois pais explica essa psicopatologia transgeracional. E, ao se submeter aos desejos do outro, a criança não está procurando reproduzir a destruição originária e evitá-la ao se fixar numa organização fusional, ao se fundir e se colar no desejo do outro, rejeitando ao mesmo tempo a necessidade da separação? Todas essas questões nos conduzirão a encarar a problemática incestuosa explorando a relação arcaica da vítima com o objeto mãe.

Voltemos agora a nossa população, que inclui numerosas famílias recompostas (vinte e uma, no total).

No tipo mais clássico de família incestuosa, a mãe tem um ou vários filhos, reconhecidos ou não pelo pai biológico. Este último tem apenas um lugar apagado. Alguns anos após o nascimento dos filhos, quando a mãe se une a outro homem, este se torna pai adotivo ou padrasto; em todo caso, pai de substituição. Dessa nova união vêm outros nascimentos. O incesto vai se consumar entre o pai substitutivo e a descendência do primeiro leito materno.

O segundo tipo familiar é simétrico ao precedente. Na origem, um casal casado procria, uma ruptura se segue. Freqüentemente, a mãe funda um novo lar, aparentemente mais equilibrado; o pai não refaz a sua vida e fica só. Ele comete o incesto no tempo de seu direito de visita, pondo a criança no lugar da mulher.

A confusão das gerações, no abusador, vem do fato de ele mesmo não ter sido inscrito na cadeia das gerações. O que o leva a dizer: "As crianças eram pequenas, não sabiam se eram irmãs" (E). Ou: "Esta menina me considera como pai e pessoalmente eu a considero minha filha. Penso, aliás, que ela ignora que não sou de fato pai dela" (V). A criança descobre a verdade sobre seu vínculo filial – "seu pai não é seu pai" – por intermédio da justiça, que diferencia pai genético e pai simbólico.

De onde vem o desentendimento conjugal próprio à família incestuosa? Nessas famílias, o casamento se sela em torno de um dos três seguintes contextos: a fuga, o constrangimento ou a piedade; de modo algum o amor. "Ela não se entendia com a mãe e queria fugir" (A), diz um homem. "Criada por uma mãe muito autoritária, casei-me para ser livre" (A), declara uma mulher. Fugir do torno materno casando-se com o primeiro que aparece também é fugir da solidão: "ele se casou com ela por medo de ficar solteirão" (A). A veleidade de independência mascara a necessidade de passar de uma mãe a um cônjuge, investidos num mesmo registro. A timidez em relação às mulheres revela aqui uma fixação na mãe. A clivagem entre a mãe assexuada (pois, talvez, excitante demais) e a mulher que goza de seu sexo está manifesta nas confissões de um abusador: embora "se entenda maravilhosamente bem" com a esposa, ele fica "impotente" diante das outras mulheres, todas assimiladas a "putas" (A).

O mais impressionante é que o casal incestuoso se forma sobre a compaixão e a piedade do abusador para com sua futura companheira:

– "Tinha visto essa mulher sozinha com dezesseis filhos, ela me deu pena". (E)

– "Encontrei-a assim, na feira, ela estava na miséria, não tinha família, nada". (A)

– "Ela estava saindo de uma grande decepção, quase se casou com um homem mais velho, na verdade ele já era casado". (A)

– "Recolhi-a na sarjeta no momento em que ela queria se suicidar". (A)

Essa generosidade instaura, em contrapartida, uma dívida psíquica e financeira em relação a um benfeitor e cria uma relação de submissão e de dominação. A brecha originária não cessa de aumentar ao longo das crises: "Meu marido é um homem violento e mau com o qual me entendo mal há muitos anos; aliás, ele me bateu várias vezes e por causa disso já foi condenado" (A). Por trás da dependência financeira invocada, a dependência psíquica: "Se aceitei viver sob o mesmo teto que ele, é porque não trabalho e não sei aonde ir" (E). Por sua vez, o abusador afirma sua supremacia financeira: "Sou o único a trabalhar para alimentar toda a família" (A). Essa ilusão de todo-poder camufla a incapacidade de deixar o lar.

A mulher se instala numa dependência anaclítica, física e psíquica, tão desmunida quanto um bebê; ela cria ou reforça um sentimento de todo-poder no abusador; um e outro estão convencidos de que só ele tem poder de vida ou morte sobre seus próximos. É vital manter a violência, a dimensão mortífera dessa ligação. "A gente não podia ficar um sem o outro" (E), declara esse homem divorciado que continuava a viver junto da ex-esposa. A lei permanece sem efeito.

A intensidade do distúrbio conjugal cresce quando surge a criança: "Algum tempo depois desse filho nascer, ele começou a beber, a me ameaçar e a me bater e tudo isso sem razão" (A). Ou ainda: "Depois do nascimento das crianças, não me entendi mais muito bem com meu marido e descobri que ele era homossexual" (E). O alcoolismo, a violência, a homossexualidade aparecem quando um terceiro (a criança) vem perturbar a relação dual original.

As brigas se cristalizam em torno da educação das crianças, cada um dos pais censurando no outro sua incompetência. Um abusador, decepcionado com as negligências de sua esposa para com ele e para com o lar, se divorcia. Não suportando a separação, volta para junto dela e casa-se com ela de novo. Buscando uma mulher imaginária, logo, impossível de encontrar, ele se divorcia uma segunda vez, já que sua mulher "se tornou de novo o que era antes" (A). O abusador, incapaz de viver a desilusão, busca criar, num mesmo espaço (familiar), um mesmo objeto ideal. A criança-vítima, representante na origem de uma pureza virginal, permitiria manter a ilusão de que o objeto ideal existe. Um dossiê ilustra essa situação: um homem descobre, depois do casamento, a deficiência mental de sua esposa. Primeiramente cego pela idealização, ele em seguida cede ao desencanto e ao sentimento de ter sido traído. Sua filha se torna então o suporte de sua idealização: "Para mim, era um pouco a imagem da mulher. Nos últimos tempos, ela cuidava um pouco da casa, da cozinha; como minha mulher não podia praticamente fazer nada, minha filha representava a mulher da casa" (A). Da mesma forma, uma menina dirá de seu abusador: "Ele me dizia que não amava mais a minha mãe, que ela era uma sem-vergonha e uma puta" (A).

A clivagem da virgem e da puta trai a busca desesperada de uma boa mãe. Mas a mãe e a mulher se revelam igualmente frustrantes, o que é impossível de ser tolerado. Uma conclusão de perícia resume bem isso: "Em sua relação conjugal, sua mulher permanecerá à imagem de sua mãe, profundamente decepcionante [...] não podendo lhe trazer toda a afeição reparadora que ele busca antes de tudo" (A). A violência dos abusadores visa, portanto, destruir o objeto real a fim de prosseguir a busca da boa esposa e da boa mãe. Embora a mãe e a mulher sejam ambas vistas como más, não está em questão a elas renunciar. É melhor não perder o objeto, por mais ruim que seja, e ficar na ilusão do que escolher uma realidade sem sonho. Quando a busca do objeto ideal atravessa três gerações, ela zomba da diferença de gerações. O abusador passa da mãe à esposa, depois da esposa à criança. Mas ele invoca a ausência de vida sexual. "Fiz isso porque me encontrava num período em que não tinha relações sexuais com minha mulher [...]; isso não teria acontecido se na época eu tivesse sido feliz com minha mulher" (A). Ou, então, dificuldades econômicas: "Eu não tinha dinheiro para procurar prostitutas" (A). Do lado da esposa, o desinteresse em relação ao marido pode se associar a uma denegação velada do incesto: "Talvez ele tenha me traído, mas não procurei saber. Considerando o estado de nossas relações, ele levava a vida que queria" (A).

O vínculo proibido

Para a lei, o grau ilícito de um acasalamento é estimado em relação ao vínculo de consangüinidade. O Código Civil rege as alianças possíveis ou proibidas. O incesto se consuma fora da lei entre dois seres ligados por uma relação genética e/ou simbólica. Crimes e delitos são penalizados com mais severidade quando são cometidos por ascendentes legítimos, naturais ou adotivos ou por pessoas que têm autoridade sobre a vítima.

O pai adotivo casa-se com uma mulher, mãe de uma criança que ele vai reconhecer. A criança traz o nome do pai. O padrasto não afilia a seu nome a progenitura de sua esposa. Os efeitos de um incesto se repercutem tanto sobre o vínculo jurídico quanto simbólico e genético.

O incesto pai-filha é, de longe, o mais freqüente. Vêm em seguida os abusos cometidos pelos padrastos. Poderíamos ser tentados a relacionar essa prevalência do número dos pais e padrastos, significativamente mais importante que o dos tios e avôs, à proximidade física devida ao *habitat*. Mas certos pais violentam a filha exclusivamente durante as visitas autorizadas pela lei. Em certas famílias, todas as filhas sofreram abusos; mas, quase sempre, uma única sofre o incesto. É possível pensar que uma criança se preste mais que outras à posição de vítima, pelo fato de sua vulnerabilidade? Seria preciso concluir pela existência de uma psicopatologia ou, pelo menos, de um perfil específico das vítimas de incesto?

Podemos distinguir dois tipos de pais incestuosos: uns percebem claramente que estão desonrando as filhas, outros tentam eludir inconscientemente o vínculo parental. No primeiro caso, ouvimos declarações como esta: "Dei-me conta de que aqueles gestos com minha filha não eram normais e não se enquadravam nas relações de um pai com uma filha" (A). No segundo caso: "Em minha cabeça, quando eu deitava com minha filha, eu achava que era uma puta, embora fosse minha filha" (A). Ou, na boca da filha, dirigindo-se à mãe: "Ele me dizia que, na cama, eu devia substituir você" (A). Um padrasto abusou da enteada num porão sem luz, fazendo-se passar por um desconhecido (A). A filiação surge como um obstáculo ao incesto; uma noção vaga do interdito surgiria durante passagens ao ato. Mas o abusador pode viver na confusão dos papéis, não distinguindo o amor paterno do desejo erótico: "Eu queria mostrar a ela o corpo de um homem. Para mim, isso faz parte de uma boa educação para uma moça. Sempre agi com ela para que entendesse melhor o que era a sexualidade. Eu nunca quis ter relação sexual, já que achava que não era o meu papel" (E).

O padrasto incestuoso está numa posição ambígua: quase sempre investido por mulher e filhos como substituto de um pai genético que abandonou sua função paterna, ele acaba caindo na armadilha, embora não seja totalmente um pai simbólico. Reconhece o tabu da consangüinidade, mas o alcance simbólico do interdito não lhe aparece: "Não penso que teria feito essas coisas se S. fosse minha própria filha" (A). Uma vítima, quando o pai se apresenta nu a ela, pensa: "Parecia que não era mais o meu pai" (A). A fim de não afundar na loucura, a necessidade vital de se cortar de sua filiação genética e simbólica pode se impor sob a forma de um: "Quero mudar de nome ou de prenome, pois foi ele quem me chamou assim. Isso me dá nojo" (A); ou por atos: "Um dia, ela até quebrou um gravador que o padrasto lhe dera. Fez isso de propósito, não querendo conservar mais nada que pudesse vir dele" (A). Por uma defesa arcaica, a clivagem, a criança escapa momentaneamente do traumatismo, mas se vê ejetada de sua filiação. Quando, na sombra de um abusador, um pai genético existe, a vítima desinveste quase naturalmente seu vínculo simbólico com o abusador para transferi-lo para esse ser repentinamente tornado vivo: "Ao se casar com mamãe, ele quis me reconhecer e, por isso, trago seu nome. Entretanto, eu não o considerava como pai, mas, antes, como um amigo [...] nunca pude chamá-lo de pai" (A). Numa carta à mãe, uma vítima faz sair do passado o pai ausente: "Eu gostaria de saber agora quem é meu verdadeiro pai e quero que você me diga, eu nunca lhe teria perguntado se eu tivesse tido um bom pai" (A), isto é, um pai simbólico.

Quase sempre, nada é desvendado sobre o genitor; certas mães se opõem ferozmente a revelar sua identidade à criança: "I. vem de uma união que eu tinha com um homem que não a reconheceu. Não fiquei muito tempo com ele" (A). Se a criança representa a marca real de um encontro, no imaginário dessas mulheres, nenhum homem teve acesso a um lugar paterno. A foraclusão do Nome-do-Pai se traduz por uma relação mãe-filha fusional na qual nenhum terceiro masculino pode se imiscuir: "Minha mulher quer preservar nossa filha só para ela" (A). O abusador, pelo incesto, não forçaria, na violência, o acesso a uma triangulação familiar? Inversamente, após o divórcio, a decadência paterna não teria por efeito eliminar ainda mais o pai simbólico? "Não tenho em mente uma ação na justiça contra meu marido, não procuro de modo algum colocá-lo na cadeia, não é o objetivo que persigo; o que desejo é que ele não tenha mais a possibilidade de levar as crianças com ele" (A). Em que medida a recusa de uma mãe de conceder um lugar imaginário e real a um pai tem incidência na passagem ao ato incestuoso?

A escolha das abusadas não é aleatória: ela prioritariamente recai sobre a mais velha. Quando, uma vez maior, ela deixa o domicílio parental, a irmã caçula a sucede. Quando todas sofrem o incesto simultaneamente, uma hierarquia se instaura entre "a favorita" (isto é, aquela que foi a primeira abusada) e as outras. Sacrificando-se, acreditando assim proteger suas caçulas, uma vítima declara: "Eu tinha confiança nele, ele tinha jurado pela cabeça de minha mãe que não tocaria em minhas irmãs" (E). Essa resignação não ocultaria um certo gozo de ser, no entanto, a preferida das filhas?

Em face dos desejos incestuosos de um pai, a criança teve a escolha, consciente ou inconsciente, de se submeter ou de se opor. De duas irmãs confrontadas com o abusador, uma se submete, a outra se esquiva: "R. tentou uma vez fazer a mesma coisa com a minha irmã, mas ela fugiu"; esta última confirma: "Saí correndo do quarto, deixando R. com a minha irmã [...] a partir desse dia ele nunca mais voltou a fazer essas coisas comigo" (A). Uma outra declara: "Eu disse a meu pai que, se ele recomeçasse, eu iria contar para a minha mãe, foi por isso que ele me deixou em paz" (E). O abusador atira-se então sobre sua outra filha, que vai se calar durante muitos anos. Uma vítima, ao contrário de suas irmãs, desmascara a mentira: "Fui eu quem quis parar porque entendi o que ele estava fazendo. Eu achava que era errado". Por que certas vítimas não têm forças para se opor ao abusador? Será realmente por sacrifício ou movidas por rivalidade com a irmã, com a mãe que elas aceitam o incesto? A incapacidade de dizer "não" revela uma dificuldade de afirmar o desejo que sentem: elas preferem ficar aprisionadas no desejo do outro (materno ou paterno), talvez a fim de se sentirem amadas por eles, tanto sofrem de carências afetivas. O abusador se aproveitaria desse desamparo, manteria a vítima numa posição de criança-objeto modelável à sua guisa. Mostram isso as palavras deste homem: "É verdade que eu estava procurando a companhia de S. um pouco mais, com certeza, que a das outras filhas. Acho que S. se sentia um pouco rejeitada pela mãe" (A).

O duelo incestuoso

Do abusador...

A primeira transgressão

De acordo com a nossa amostragem, fica evidente que os pais cometem o incesto na maioria das vezes entre 30 e 40 anos, ao passo que os padrastos e tios passam ao ato antes dos 30 ou 25 anos. Entre os padrastos, muitos são homens jovens que, na maioria, não conheceram nenhuma outra mulher além da esposa ou concubina. Eles ocupam um lugar de criança suplementar. Como mostra este acusado que se casou aos 21 anos com uma mulher de 37, mãe de três filhos, sendo o mais velho um ano mais novo que ele. Ele mesmo não é capaz de situar cada um de seus irmãos e irmãs na ordem de descendência. Seu casamento recria a confusão inicial dos lugares: "Neste momento, nós não estamos bem porque ela me priva de tudo. Não sou mais um garoto. Então me dá vontade de que ela me ponha para fora, pois hoje ela não queria que eu saísse" (A).

Sem referência à idade real, o abusador vive sua sexualidade de um modo infantil. O relatório dos peritos sobre um jovem tio abusador (21 anos) ilustra isso: ele se comporta "como um garoto ao fazer a descoberta genital da menina. A idade de sua sobrinha (cinco anos) corresponde perfeitamente a esse gênero de exploração" (A).

Os atentados ao pudor comportam toques, carícias no corpo da criança, mas, mais especificamente, no sexo e no peito, na pele ou através da roupa, beijos no corpo ou na boca. Em segundo lugar, o Código Penal considera os atos de masturbação, a obrigação feita à criança de masturbar seu abusador. Vêm em seguida as tentativas de penetração (ou penetrações abortadas), que constituem o último tipo de ato limite relacionado com um atentado ao pudor. A introdução de um dedo na vagina é assimilável a uma tentativa de penetração.

Como toques, masturbações e tentativas de penetração não deixam rastros físicos visíveis, não podem, portanto, ser descobertos. No entanto, os gestos furtivos deixam uma marca psíquica indelével nas vítimas, um traumatismo. Assim, uma menina de três anos, vítima desde bem cedo, é tomada de forte agitação psicomotora quando o perito lhe pede para verbalizar o seu vivido. Aqui, o corpo transcreve o que a fala amordaça. Esse despertar prematuro para a sexualidade adulta torna-se traumatizante na medida em que a criança não pode criar um sistema de pára-excitações em face da agitação pulsional desencadeada. Suas palavras traem uma identificação com o agressor que lhe permite se proteger da violência incestuosa: "Cometi um erro, é um erro, não há como mudar, não tem importância". Entretanto, a denegação não evitará a reminiscência na adolescência.

A ligação incestuosa se estabelece progressivamente: "Houve várias etapas: no início, eu era muito afetuoso com a minha filha; depois, esses gestos evoluíram para carícias mútuas" (E). A criança discerne o ato erotizado: "Ele me disse que queria me fazer um carinho. Sentamos na cama. Ele me segurava pelo pescoço. De repente, ele me empurrou para trás" (A). Quando as palavras não podem exprimir os afetos, o corpo suplementa essa incapacidade: "Nós acabamos falando da maneira como nascem os bebês. Expliquei que era um produto do que saía do xixi. Como ela queria ver, tirei meu sexo pra fora e me masturbei enquanto ela olhava" (A). A confusão se instaura: "Eu não estava agindo com um objetivo sexual, mas unicamente por gestos de amor" (A). Quando o tribunal lembra o caráter proibido dos atos que cometeram, certos abusadores ficam desconcertados. Entretanto, diversos acusados perversos condenam a lei, embora saibam que o incesto é proibido.

A traição paterna corrompe o conjunto da personalidade do abusado. Haja perfídia ou não, o atentado ao pudor prende o sujeito na posição de objeto sexual, apagando nele o ser de desejo.

Às vezes, uma resistência forte, uma fala de oposição, uma ameaça, até mesmo a fuga da criança contribuem para fazer fracassar a perversão incestuosa: "Ele tirou seu sexo e tentou enfiá-lo no meu, mas não conseguiu. Eu me defendia" (A); "Ele tentou colocar um dedo no meu xixi, aqui, eu fiquei com medo e saí correndo do quarto" (A). Embora o pai lhe tivesse "proposto 500 francos para que ela deitasse com ele", uma vítima de atentado ao pudor evita o perigo: "Eu tinha muito medo de que, um dia, isso acabasse acontecendo. Aliás, foi por isso que fiz amor com um namorado, pois eu não queria que fosse meu pai que tivesse isso" (A), isto é, a sua virgindade.

Desde 1989, penetrações anais e vaginais são julgadas no tribunal como atos criminosos. A pretexto de verificação "médica" da virgindade da criança, certos pais não hesitam em passar ao ato, introduzindo um dedo na vagina. Uma mãe, preocupada em saber se a filha "estava rompida", até aprovou esse gesto.

Dois casos de estupro por penetração vaginal julgados no tribunal correcional evidenciavam o consentimento de vítimas que ignoravam o valor do interdito. Quando estabelece uma certa cumplicidade da criança, o juiz, em contrapartida, quase sempre acaba atenuando o erro do carrasco. Ora, a partir de 1989, os juízes passaram a perceber que, por trás de um consentimento, costuma haver uma criança pervertida. Um dossiê prova isso. Os dois protagonistas são imaturos e carentes. O desejo edipiano da vítima se acompanha de uma busca de envolvimento e de oralidade: "Ela manifestava uma necessidade de afeição e carinho" (A). Além disso, a rivalidade com o objeto materno, associando-se a uma fixação paterna, contribuiu para instalá-la numa problemática edipiana, concretizada na perversão: "Fiz amor com meu pai porque estava atraída por ele". Ela sentiu "prazer [...], não achando nada chocante o pai deitar-se com ela". Por sua vez, o acusado declara: "Tenho uma atração particular por ela. Chegamos a um ponto em que éramos ambos cúmplices de algo proibido, distantes dos outros".

Uma vítima não desejada sofre de debilidade média em razão dos inúmeros remédios ingurgitados pela mãe durante a gravidez. Embora o artigo 331 do Código Penal preveja um agravamento das penas quando o abuso se perpetua "numa pessoa particularmente vulnerável em razão de uma fraqueza física ou mental", esse estupro foi paradoxalmente julgado em correcional. Teria a justiça, a exemplo das vítimas, ficado cega pelas manipulações perversas do acusado?

Os estupros incestuosos que chegam ao tribunal do júri são, em geral, os casos mais graves. Precedido de atentados ao pudor, o estupro acaba facilitado: "Aos doze anos, meu pai começou a tocar meu corpo [...]; quando eu tinha dezoito anos meu pai me pegou pela primeira vez e nós tivemos relações sexuais completas" (E).

A noção de incesto recobre diversos tipos de atos cujo grau de gravidade varia conforme o valor simbólico concedido pelo juiz; valor ligado não só às representações sociais, mas também às defesas tentadas contra a violência que emana de cada caso. Ao condenar o incesto, o tribunal tenta distinguir a relação pais-filho, baseada na afeição, da passagem ao ato sexual. Porém continua sendo delicado estabelecer o que faz de um gesto um ato traumatizante. Quando o abusador não suspeita da gravidade de seu crime, a lei social suplementa essa ausência de interiorização do interdito. A patologia dos perversos é diferente: conscientes da transgressão, eles desaprovam a lei sem vergonha nem culpa. O prazer proibido é arrancado a uma vítima às vezes descrita como tendo consentido. A criança, na realidade, se submete à fala e aos atos do abusador, ingenuamente, quando ignora o interdito, ou passivamente, quando não pode a eles se opor verbalmente. Por que algumas podem, afinal, encontrar palavras ao passo que outras se fecham no silêncio? Será um desejo edipiano recalcado que se exprime ou uma psicopatologia mais arcaica que ressurge por esse viés? Uma certeza permanece através dos depoimentos: quando um estupro se deixa pressentir, o desprazer e o risco de um trancamento da personalidade tornam-se tais que a revelação se impõe a alguns como única saída.

Em resumo, parece ser possível falar de uma psicopatologia específica do abusador na medida em que a passagem ao ato não é fruto de um ato isolado de loucura, inscrevendo-se numa dinâmica particular que vamos tentar definir.

Alcoolismo e violência

Vejamos, agora, a incidência do alcoolismo e da violência na personalidade do abusador. No imaginário coletivo, os dois estão associados ao crime incestuoso, o álcool favorecendo a suspensão das inibições e, portanto, a passagem ao ato, a violência permitindo a saciação das pulsões. Como não podemos dar uma definição objetiva dessas noções, diremos que um abusador alcoolista é um homem que se entrega com freqüência à bebida até poder perder o controle do que fala e do que faz. Um abusador violento é um ser incapaz de dominar sua agressividade tanto verbal quanto física. Assim, quando surge uma frustração ou um interdito, ele responde com violência.

Os dossiês mostram que os autores de atos incestuosos não são todos alcoolistas inveterados. Com efeito, mais da metade deles não costuma beber. Um terço cumula os dois desvios. Convém, portanto, desconfiar dos clichês. Podemos legitimamente nos perguntar se o desejo coletivo inconsciente de pintar o abusador como um ser abjeto e depravado não se forma como uma tela protetora diante de nossos próprios desejos incestuosos.

De nossa parte, vamos encarar alcoolismo e violência como os sintomas de um sofrimento. Os números provam que seria arriscado estabelecer uma correlação direta entre alcoolismo, violência e passagem ao ato incestuoso. Alcoolismo e violência são apenas meios de acesso. A explicação da transgressão deve ser buscada em outra parte. Os abusadores, porém, conscientes eles também de trazer o rótulo de etílicos, não hesitam em ostentá-lo a fim de diminuírem sua responsabilidade e, portanto, a pena em que incorrem: "Aconteceu porque eu tinha bebido muito. Às vezes acontece de eu beber. Minhas relações com C. pararam durante um momento porque eu estava bebendo menos [...]; no dia seguinte, passado o porre, eu não pensava mais naquilo" (A).

Como o álcool tira o controle desse indivíduo, este pode passar por vítima mais que por culpado de incesto. Em compensação, a violência, por ser vista como circunstância agravante, é minimizada ou negada nos depoimentos do acusado. Ao tentar atenuar a violência de seus atos, o abusador se trai nas próprias palavras: "Nunca houve violência em casa; aconteceu de eu brigar com minha mulher, mas nunca bati nela na presença de V.; nunca bati em V. a não ser uns safanões" (E). Quase sempre, ele bate na esposa, mais raramente na filha. O silêncio sobre o incesto é mantido pelos golpes: "Meu pai me batia toda vez que eu falava disso com a minha mãe". O abusador confirma: "Às vezes eu batia nela quando ela ameaçava contar tudo para a mãe e, de fato, aconteceu de eu lhe dizer que a mataria se ela falasse". Uma criança martirizada declara: "Meu pai bate em mim sem razão, ele me bate porque eu deixo ele nervoso" (E). O acusado retorque: "Eu já bati nela, mas não fico fazendo isso toda hora". O que "deixa ele nervoso" é sua feminilidade, e talvez simplesmente sua existência. A violência cotidiana mantém angústias de morte.

Alcoolismo e violência, como dissemos, devem ser entendidos como sintomas. O alcoolismo visa fugir da realidade (e volta a violência contra si), a violência tende a dominar a realidade. Submeter o outro a seus desejos é não só ser escravo de suas pulsões, mas também não tê-las dobrado ao princípio de realidade e, portanto, ao interdito. É também porque a infância desses homens banhou-se num clima de insegurança, diante de um todo-poder paterno: "Ele tinha medo do pai que costumava bater nele com o que tivesse na mão. Ele temia o pai, tinha muito medo dele" (E). Então, a identificação com o agressor e a repetição compulsiva se impõem como um mecanismo de defesa que protege da violência.

Em tais situações, a relação com a descendência só acontece num corpo a corpo destruidor. A simples existência da criança remete seu ascendente à sua própria morte e, portanto, à sua impotência diante desta. A relação com o outro é regida numa dualidade em que um dos dois forçosamente está a mais e deve morrer. Só o mais forte sobreviverá. Invertendo as posições do dominante-dominado, forte-fraco, ativo-passivo, o abusador torna-se, por sua vez, o carrasco que ele temia. Ele conserva a ilusão de um poder em relação à morte margeada durante a infância. E, se não abandona esse "funcionamento" dual transmitido por seu pai, é porque teria, caso contrário, que matar o pai totêmico, tirânico.

... À vitima

O dia do ato indelével

No que diz respeito às sessenta e três vítimas que constituem a população de nossa pesquisa, certos dados são impressionantes. As passagens ao ato se realizam com crianças muito pequenas, à vezes até em idade bem baixa (entre um e cinco anos). Nesses casos, nasce no abusador uma erotização intensa do contato corporal que acarreta uma excitação sexual incontrolável. O abusador responde à afeição da criança pela sedução sexual: "Quando A. tinha quatro anos, ela me beijava na cara e me passava a mão no peito, mas como faz uma criança com o pai, e eu gostei disso. Depois, todos os dias, quando eu chegava, eu cuidava de A., mas aí beijei a menina na boca, como se faz com uma mulher, mas sem abrir os lábios" (A). Um outro: "Como ela se mexia de noite, às vezes encostava em mim. Esse contato me excitava [...] eu pensava que ela se excitaria como uma mulher adulta" (A). Um terceiro: "Não é num objetivo sexual, mas unicamente gestos de amor com meus filhos" (A). Uma perícia confirma a imaturidade sexual do abusador: "Atraído por todas as meninas numa idade em que elas estão indeterminadas quanto a seu sexo. É pelo sexo impúbere dessas meninas que ele se interessa e não pelo fato de que sejam meninas pequenas, mas seres como ele, ainda não sexuados" (A).

Nenhuma passagem ao ato começa depois que a vítima atingiu a idade de dezesseis anos. Na maioria das vezes acontece entre seis e doze anos. A fase crítica se situa durante o período de latência. Entretanto, já na chegada da puberdade, a irrupção de um corpo novo faz surgir o desejo no abusador. "O estalo aconteceu no dia em que, na ausência de minha mulher, tomei um banho com a menina. Ela estava começando a se formar fisicamente e pirei" (A). Ou ainda: "Ela estava crescendo a olhos vistos e confesso que eu ficava perturbado com sua presença e que várias vezes tive vontade de tê-la" (A). Pode ser também o medo do corpo feminino, sexuado: "Certa tarde, eu estava em meu quarto, tive então uma estranha idéia, quis me dar conta de como ela estava formada e, para examiná-la, chamei G. e ordenei que se despisse" (V). O incesto visaria então, simultaneamente, apagar o ser de desejo na criança e apaziguar a superexcitação pulsional que se desencadeava diante desse corpo novo, sufocar o medo despertado por um corpo feminino nascente.

O abusador cria um aprisionamento familiar por ciúme. Eis o que contam certas vítimas: "Ele é muito autoritário e não quer que eu saia sozinha. Ele às vezes aceita que eu saia com amigas, mas não com amigos" (V). "Meu pai também não deixa eu sair sozinha, nem eu ver meus amigos de tarde". O abusador justifica assim a sua proibição: "Tenho que reconhecer que eu não dava muita liberdade à minha filha, já que eu não deixava ela sair de noite. Mas essa proibição era uma medida de proteção para ela e não uma medida disciplinar" (A). Um pai muçulmano confessa "apertar" a filha a fim de que suas amizades não atinjam a sua virgindade. Com freqüência, o abusador se persuade e tenta persuadir de que a declaração de incesto é apenas uma mentira destinada a denunciar seu autoritarismo: "Tenho a impressão de que minha filha está contando isso (o incesto) porque eu a vigio e não quero que ela fique pela rua. Acho que ela não suporta a minha autoridade" (A).

A endogamia, nesse fechamento familiar, parece responder à ameaça que um terceiro constituiria: "Eu a via como minha filha única de quem eu gostava paternalmente, mas eu sentia ciúme dos rapazes com quem ela podia eventualmente se encontrar na escola ou fora" (E). Uma garota conta: "Meu pai me bateu, ele não admitia que eu tivesse um namorado. Aliás, ficou com muita raiva quando descobriu no meu diário íntimo que eu tinha tido um namorado pela primeira vez quando eu estava na 6ª série" (A). O despotismo paterno pode levar até a expressão de desejos mortíferos: "Ele jurou me matar se eu tiver um outro que ele na vida. Ele me disse para não convidá-lo para o meu casamento senão ele mataria eu e o meu noivo. Deixou claro que era com ele que eu tinha que ficar" (A).

A lembrança da primeira passagem ao ato fica ou gravada, ou apagada da consciência da vítima.

Duração do incesto

Juridicamente, a partir da maioridade, todo indivíduo supostamente é capaz de dominar sua própria sexualidade. Assim, quando o incesto se prolonga após os dezoito anos, ele não é mais condenado. Entretanto, em geral os incestos são denunciados quando a criança ainda é menor.

Existem, segundo nós, duas categorias de relação incestuosa: o incesto "acidental" ou "ocasional" e o incesto "durável". A metade dos atentados ao pudor ocorre durante um período limitado: menos de um ano. Em compensação, o abuso por estupro se instala: 80% dos autores julgados nos tribunais do júri consumaram o incesto durante mais de três anos. Segundo nós, essas variações se explicam por um modo de funcionamento familiar específico. Com efeito, podemos supor que quando o incesto é "ocasional" um semblante de interdito superegóico contém, tanto quanto possível, os impulsos pulsionais incestuosos. Ao inverso, "o incesto durável" remete à ausência de interdito nos vínculos intrafamiliares.

Quando o abuso é único e isolado e não é seguido de uma denúncia imediata, é porque o abusador viu ceder suas defesas frágeis, num transbordamento pulsional ligado a um contexto particular. Pode ser o álcool: "Um dia, bebi muito e não sei o que pude fazer. No dia seguinte, quando acordei, minha mulher e minha filha não estavam em casa. Elas dizem que eu teria forçado T. a me fazer felações. Não tenho nenhuma lembrança disso, mas, se a minha mulher diz isso, é porque deve ser verdade" (A). Eis a explicação dada por um pai tomado "de um acesso de loucura": "Achei que era a minha mulher e tive vontade de fazer amor com ela. Ela me disse: 'A gente não pode fazer isso, não está certo', eu lhe pedi perdão" (A). Outro testemunho enfim: "Eu lhe explicava o papel do pai quando de repente propus lhe mostrar. Foi depois, vendo a sua reação, sua surpresa e seu espanto, que pensei que tinha de fato feito uma besteira e que o que eu acabava de fazer não era normal" (A).

Sem freio superegóico, o incesto se instala naturalmente num modo de funcionamento familiar: "Eu não achava nada chocante o fato de meu pai se deitar comigo", disse uma moça (A). "No início, eu fazia por causa de problemas sexuais com a minha mulher, depois isso foi se tornando um hábito" (E), declara um pai.

Segredo e suspensão do segredo

O que cria, mantém e suspende o segredo? As fontes do silêncio são múltiplas. No entanto, o elemento predominante se cristaliza em torno do medo de um abusador tirânico e todo-poderoso. O abusador exige o silêncio sobre o incesto e notadamente em relação a sua confidente, a mãe da vítima: "Eu lhe ordenei não dizer nada a ninguém e em particular à sua mãe" (E). A obrigação de prestar um juramento religioso[1] mostraria o fato

---

[1] "Ele me pediu para prometer..." (A).

de que os abusadores se identificam com os deuses a fim de manter a ilusão de seu todo-poder.

Porém a arma mais temível e mais temida de que se serve o abusador é a ameaça, verbal ou física: "Ele ameaçava me bater ou me matar se eu contasse à polícia ou a alguma outra pessoa" (E). O abusador concorda: "Sob o efeito da raiva e do medo, eu às vezes lhe disse que a mataria se ela falasse". Às vezes, quando o casal está em crise, a criança tenta falar. Para isso, ela precisa descobrir que nenhum homem tem o direito de vida e de morte sobre seu igual. Ora, toda vítima permanece intimamente convencida de que o assassinato dela permanece possível. Podemos nos perguntar se, afinal, o incesto não é visto como um mal menor. Pois, se ele produz uma morte psíquica, o corpo, este, permanece vivo e inteiro.

A violência pode se deslocar. Se o pai violenta a mãe, no lugar da filha, faz nascer nesta um vivo sentimento de culpa: "Fiquei muito tempo sem dizer nada para evitar qualquer incidente em casa [...] eu sabia que meu pai e minha mãe iriam se desentender, eu não queria arrumar briga" (A).

A vítima se sente responsável pela manutenção ou a falência da unidade familiar, já que o abusador imputa-lhe de antemão uma culpa se acontecesse uma infelicidade aos seus: "Ele me disse para não dizer nada a ninguém, senão estávamos separados" (A). "Nunca contei os fatos a quem quer que seja, pois eu tinha medo de que meu pai fosse preso e os meus irmãos ficassem abandonados" (E). "Continuei a suportar esses atos por causa de minha mãe e meu irmão e minha irmã menor. Não quero acabar com o casamento dos meus pais nem arrumar problemas para os meus irmãos" (A). O incesto e seu segredo são vividos como um sacrifício. Às vezes, o medo é o de perder o amor materno: "Meu pai me disse que, se eu falasse disso com ela, ela não gostaria mais de mim, me colocaria na Providence* " (A). "Não falei com a minha mãe porque eu tinha medo de que ela não me quisesse mais [...], de que ela me abandonasse e ficasse com raiva de mim" (A).

Um outro elemento tem às vezes um papel na relação incestuosa: propor dinheiro, como a uma prostituta, e para comprar o silêncio. Como mostram estas frases claras e lapidares: "Ele me perguntou se eu não queria

---

* Instituição de acolhimento aos menores. (NT)

me divertir com ele. Como eu sabia o que ele queria dizer com isso, recusei, ele insistiu deixando claro que me daria 300 francos para as férias se eu aceitasse fazer o que ele queria" (E). Em seguida, não é mais possível voltar atrás: "Aconteceu de uma ou duas vezes o meu pai me dar dinheiro. Um dia, meu pai me deu 100 francos, dizendo que eu poderia comprar o que eu quisesse com eles. Eu lhe disse que não queria, mas acabei aceitando. Dias depois, meu pai veio me ver dizendo que, já que me dera dinheiro, agora eu devia deixar" (A). O dinheiro se associa a uma promessa mentirosa: "Eu tinha quinze anos quando ele me perguntou se eu queria lhe dar prazer e, se eu aceitasse, ficaria rica" (E). O fato de o dinheiro não entrar em jogo com certeza é menos pervertedor. Caso contrário, é a via aberta para a prostituição.

A mentira mais devastadora para a vítima permanece a afirmação pelo abusador da normalidade de seus atos: "Meu pai me dizia que não era nada, que todos os pais faziam isso com a filha" (A); "Que era assim entre um pai e sua filha e que em todas as famílias isso acontecia assim" (A). Pequena demais para entender, a vítima não imagina que está transgredindo o interdito, tanto tem fé na fala paterna. Depois o véu se rasga: "Comecei a entender que o que o meu pai fazia comigo não era normal por volta dos quatorze anos. Até então, eu não me dava conta e ele mesmo tinha me dito várias vezes que era normal" (A); "No início, eu era pequena e não sabia que o que estava fazendo era errado. A partir dos onze ou doze anos, eu não queria mais isso com ele, então ele me obrigava" (A). Deixar crer que o incesto se inscreve numa função parental falsifica todas as referências entre norma e interdito. Toda fala é então mentirosa. Os efeitos são devastadores para o eu [*moi*] da criança, até produzir, cúmulo da perversão, um pretenso consentimento: "Fiz amor com meu pai porque estava atraída por ele" (A).

Se a maioria das vítimas encontra apoio junto à mãe (22 casos), muitas se dirigem a outra pessoa. No caso do estupro, a abusada não tem confiança alguma na genitora (12 casos), cúmplice silenciosa: "Como depois dessas confidências à minha mãe nada aconteceu, nunca mais eu disse nada, pois não adiantava mesmo, meu pai continuava a me tocar" (A).

Confessar o incesto conduz a se confrontar com o olhar do outro e a temê-lo. Assim, certas vítimas, inquietas com a reação materna, optam pela escrita ou pelo registro. Às vezes sufocadas por um segredo pesado demais para carregar, só a fuga (ou a tentativa de suicídio) lhes parece salvadora. Nessas situações, as vítimas vão diretamente testemunhar numa delegacia: "Se fugi de casa, foi por causa do meu pai. De fato, há muito tempo que ele vem me bolinando e eu não suporto mais".

A sombra da mãe

Embora a justiça centre a instrução no acusado e na vítima, o conjunto dos membros da família próxima dá seu testemunho. Quando uma cumplicidade ativa por parte da mãe é descoberta, esta se vê condenada por não-assistência à pessoa em perigo. É um caso exemplar extremo. Mas, em geral, a fala materna é muito pouco ouvida, como se no inconsciente jurídico a mãe fosse exterior à problemática incestuosa.

O incesto sempre aconteceu durante a ausência da mãe. Isso não impede que ela suspeite de sua existência ou que dele tenha conhecimento. Assim, 40% das mães "sabiam" e 61% delas guardavam o segredo sobre o estupro. No entanto, algumas mães não hesitam em denunciar o abuso, pois têm fé no que diz a criança: "Não acho que minha filha tenha podido inventar essa história, pois ela era muito nova e não costumava contar mentiras" (A). Outras querem proteger a criança: "Ignoro se devo dar queixa contra o meu marido, mas o que me parece urgente é proteger meus filhos de novas violências por parte do pai" (A).

Às vezes, a denúncia esconde um acerto de contas, a criança não passando de um pretexto para se livrar de um incômodo: "Não quero mais ouvir falar dele. Ele não existe mais para nós. Posso ser a mãe e o pai, aliás fiz um pedido de destituição paterna. (A). Excluir o homem e, sobretudo, destituí-lo de um estatuto de pai, tal é a visada, às vezes inconsciente, de algumas mulheres.

Certas mães têm fé na palavra do abusador, e não na da vítima: "Não acreditei em minha filha. Com efeito, suas acusações me pareceram bizarras e eu não desconfiei. Não constatei nada de anormal no comportamento de meu marido para com P. Isso também me confortou em minhas dúvidas quanto às acusações de minha filha. Duvidei ainda mais porque P. mente de vez em quando. Eu havia falado com meu marido sobre esses fatos e ele me havia afirmado que era mentira, que a minha filha estava falando isso para nos separar" (A). Quando a justiça estabelece a realidade do incesto, as mães são forçadas a admiti-lo. Entretanto, em dois casos a revelação teve um efeito tão violento que a mãe não pôde aceitá-la, e isto apesar da condenação e das confissões do abusador: "Não estou persuadida de que V. esteja dizendo a verdade. É claro, há as constatações médicas, mas será que ela não fez isso com um namoradinho?" (E). "Não acredito nem um pouco que tenha acontecido alguma coisa entre N. e meu marido. Não sei por que razão os dois deram os mesmos depoimentos" (E).

O desmentido pode chegar até a negação total, ou, mais ainda, à cumplicidade passiva ou ativa. A primeira defesa se manifesta pela incredulidade: "eu não sabia exatamente o que meu marido tinha feito com a minha sobrinha, mas eu tinha dúvidas [...]. Reconheço que à minha volta várias pessoas chamaram a minha atenção várias vezes para o comportamento de meu marido. Não levei em conta essas acusações feitas contra ele, pois sempre vinham através de um intermediário" (E). "Eu pensava que ele tinha outra mulher, sem pensar que esta pudesse ser a sua própria filha" (A).

A dúvida rapidamente se converte em negação: "Ontem à noite, H. me disse que o pai a havia tocado. O gesto era uma espécie de carinho. Não vi mal algum e não procurei mais longe, pensando que meu marido tinha brincado com a filha" (A). Certas mulheres procuram desmontar a carga trágica: "Aconteceu de eu ver meu marido passar a mão na bunda de S. Vi isso duas vezes. Ele estava brincando com a menina [...]. Irritei-me e disse-lhe que ele não devia brincar assim com uma menina dessa idade" (E). Ou ainda: "É verdade que meu marido declarou que T. seria para ele mais tarde, mas tomei isso como uma brincadeira, pensando simplesmente que ele queria me irritar" (E).

O flagrante delito suscita a denegação: "Uma vez encontrei meu marido e minha filha abraçados na cama em nosso quarto. Briguei com meu marido sem saber o que tinha acontecido de preciso e ele me respondeu que eu estava imaginando coisas" (A).

"Uma vez surpreendi-o no quarto. Espantada, perguntei-lhe o que estava fazendo ali. Dei-lhe uns tapas e mandei que voltasse para o quarto dele. Eu tinha dúvidas sobre o comportamento de meu marido, mas nunca tive a prova. É evidente que as declarações de minha filha confirmam as minhas suspeitas" (E).

O incesto é negado porque tem a ver com o impensável, o inimaginável. Depois que o caso é levado aos tribunais, os fatos às vezes começam a ser reconhecidos pela mãe: "Reconheço que minha filha me havia dito que o pai a importunava, mas não acreditei nela e não imaginei que ele pudesse se deitar com ela" (E).

Outras mães admitem o incesto como uma realidade a não ser mudada. A cumplicidade delas é manifesta: "Não vi nada, logo, não dou queixa. Sei que ele tocou em minhas duas filhas mais velhas (estas lhe contaram). Acho que não vai tocar nas outras, pois são dele". Uma outra confessa: "É certo que eu disse que era problema delas e que elas o resolvessem elas mesmas" (A). A uma de suas filhas, que a adverte do incesto que está ocorrendo, uma mãe responde: "Me deixe dormir". Uma outra diz enfim às filhas que é culpa delas, que elas "acendiam" o pai.

O incesto às vezes é implicitamente garantido pela mãe. Uma declara: "Tive suspeitas sobre a virgindade da minha filha. De fato, encontrei sangue na calcinha dela, mas ela ainda não menstruava. Ela ficou menstruada pouco tempo depois. Eu disse a M. que C. estava rompida". Ela incita seu concubino a averiguar suas hipóteses: "Uma noite – conta sua filha –, cheguei em casa e mamãe me mandou ir para o quarto e me pôr na cama [...]. Uma vez nua, minha mãe saiu e M. veio para a minha cama debaixo das cobertas". O concubino abusa da menina; os fatos se repetem na presença de uma mãe doravante incapaz de parar o que ela havia provocado: "Minha mãe estava na cama ao meu lado. Durante esse tempo, mamãe dizia: 'Não force demais'; mamãe lhe pedia para parar, mas ele dizia: 'Deixe-me acabar'. Eu chorava e ficava colada em minha mãe [...] Isso se repetiu várias vezes da mesma maneira. Mamãe estava sempre lá, eu me segurava nela" (A). Assistir à cena incestuosa talvez signifique participar dela, mas na impotência: "Ele me mandou ir para o quarto com D. – conta outra mulher –, e foi buscar o cinto. Ele estava muito violento, pois vinha bebendo há três dias. Mandou nós duas tirarmos a roupa e ele também tirou" (A). Como muitas outras, ela não só perdoa o esposo, mas não vê a necessidade de dar queixa: "Depois que passou o porre, ele não acreditava, nos pediu perdão e jurou que não faria mais aquilo. Foi por essa razão que não dei queixa da primeira vez [...], agora é tarde demais" (A).

Em seu depoimento na delegacia ou no palácio de justiça, certas mulheres inocentam o esposo que elas apresentam como irrepreensível: "Meu marido é muito bom para as crianças" (A); "Meu marido é um homem muito recatado, que nunca ficava nu na frente das crianças" (A).

"Eu acredito no meu marido porque ele é um homem que não é absolutamente voltado para o sexo" (A).

A criança não é, para elas, vítima, mas culpada: "Sempre que contávamos o que tinha acontecido, minha mãe dizia que era culpa nossa" (E).

Tudo é posto em ação para salvar o abusador: mecanismos de defesa, cumplicidade, mentira, rejeição da fala da criança. Ao agir assim, não está a mãe da vítima procurando proteger a si mesma da violência do incesto bem como da violência do abusador para com ela? Quando a dependência financeira se soma a isso, certas mulheres consentem em deixar que se cometa o incesto: "Não fui embora pois não sabia para onde ir e estou sem dinheiro [...]; ele me disse que, se eu não o deixasse fazer, ele botaria nós duas na rua. O que é que eu ia fazer?" (A). O abusador, seguro de si, pode declarar: "Acho que ela nunca disse nada porque tem medo de mim. Além do mais, como ela ganha pouco e tem muitas dívidas, ela tinha medo de que, se o caso fosse parar na justiça, ela tinha medo de eu ser preso e ela ficar na rua com as crianças sem um tostão [...]; ela era obrigada a fechar os olhos. De minha parte, sabendo que ela não podia dizer nada, eu continuei" (E).

Do exterior, essas famílias parecem socialmente muito bem adaptadas. Nada da psicologia ambiente transpira. O abusador se apresenta como um bom pai de família, preocupado com os filhos e próximo de uma educação muito puritana. Não recebe censuras por sua atividade profissional.

Ao contrário, tem boa reputação. O abusador procura um espelho que reflita uma boa imagem dele a fim de preencher uma falha narcísica aberta.

Bem contida, por trás da aparência, sua personalidade não está estruturada. Sua organização, análoga a um estado-limite, mostra a imaturidade de um eu [*moi*] que nunca chegou ao funcionamento triangular edipiano. Só a presença física de um terceiro, quase sempre a mãe, serve de interdito. Na sua ausência, nada se opõe às transgressões.

O caos familiar

Do ponto de vista psicopatológico, o caos remete ao registro da psicose. A endogamia incestuosa se aparenta à clivagem instaurada como modo de defesa pelos psicóticos. O mundo exterior (e interior) desperta fortes angústias de despedaçamento. Para se separar dele, paradoxalmente o sujeito acaba cortando-se de uma parte de si mesmo. O único limite identificável no seio do caos incestuoso situa-se entre o magma familiar e a sociedade. No interior do espaço familiar, nenhum interdito vem articular as relações entre cada um dos protagonistas. Os abusadores não vivem na transgressão, já que a lei não é nem conhecida nem reconhecida. Ela é sem efeito, sem eco: nem vergonha nem culpa exprimindo-se nos testemunhos em que só a incompreensão domina.

Nesse universo caótico, cada um desliza na pele do outro, já que nenhum limite psíquico e corporal resiste. A individuação não pode ser encarada e a separação menos ainda.

Nem todas as famílias incestuosas funcionam conforme um mesmo modelo. Embora convergindo para um estado fusional, as organizações variam, a fim de não soçobrar na psicose.

O pai totêmico, e mais restritivamente o pai genético, considera seu filho como sua legítima propriedade. Na lógica desses homens, a descendência é uma parte deles mesmos, uma extensão da pessoa deles. A criança lhes pertence exclusivamente como objeto; ela nunca é percebida como ser diferenciado. A vítima é como o bastão fecal que o abusador tenta reter. No entanto, essa retenção de tipo sádico-anal, que visa anular a separação, faz com que a vítima seja colocada fora da filiação. Em vez de fusionar duas gerações, o abusador na realidade cria uma ruptura filial.

Com freqüência o padrasto abusa exclusivamente de suas enteadas, não de suas filhas. Embora o vínculo de sangue as refira a um interdito do incesto, a fraqueza do vínculo simbólico não exclui uma união com a criança de outro homem. Talvez a rivalidade para com esse pai fantasma esteja em jogo e mais ainda um ciúme do vínculo mãe-filha? O abusador gostaria de ter um domínio sobre essa relação, que representa o vínculo fusional mais forte e mais arcaico. O incesto constitui o ataque por excelência do vínculo filial. Como a infância desses abusadores foi só uma seqüência de rupturas, abandonos e segredos, só a filiação, paradoxalmente, passaria para eles por um vínculo de abandono.

Terceira parte

Entre as quatro paredes do lar

Escolhemos sete famílias para representar os diversos aspectos da problemática incestuosa, segundo vários eixos.

O primeiro, estudo do grau de socialização, põe em primeiro plano a relação com o mundo exterior, a adaptação à vida e às normas sociais.

O segundo, o lugar da lei, tem em vista a integração ou a rejeição das leis, principalmente do interdito do incesto.

O terceiro, as angústias de separação, reativadas pela denúncia e pela inculpação do abusador.

O quarto, as carências afetivas e identificadoras, tanto paternas quanto maternas.

Família Aubois

Estupro de uma menina pelo pai adotivo

S*r. Aubois*: nascido em 1942; sem diploma; escolarizado até os doze anos; marinheiro depois estoquista; violento e alcoolista.

Eugénie: nascida em 1968; vítima aos dez anos; durante sete anos não sabia que o Sr. Aubois era seu pai adotivo.

Sra. Aubois: nascida em 1951; sem profissão; quatro filhos; só Eugénie é do primeiro casamento.

Fatos: toques, penetração e felação; nega depois confessa; companheira às vezes no apartamento; violento quando a menina resistia.

Denúncia: Eugénie revela o incesto ao namorado, que a incentiva a dar queixa.

Declaração de Eugénie

"Desde que eu sou pequena, talvez desde os cinco anos, mas não tenho certeza, meu pai tem relações sexuais comigo. Quando estávamos no sótão, meu pai tirava a minha calcinha [...]. Na maioria das vezes, ele abria a braguilha e me penetrava deitado ou de pé. Eu sentia seu sexo mexer no meu. Quando ele sentia que ia gozar, ele tirava e punha seu esperma num lenço. Ele aproveitava o fato de eu voltar mais cedo da escola que os meus irmãos e de minha mãe estar ausente para me penetrar [...], mas não fazia isso de maneira regular [...], acho que dependia da vontade".

O incesto é igualmente cometido durante o banho de Eugénie:

"Meu pai nos dava banho. Minha mãe parecia achar normal que meu pai nos desse banho, embora tivéssemos praticamente doze (sua irmã) e quinze anos. Ele nos lavava o corpo todo, inclusive as partes íntimas. Meu pai queria sempre me lavar e, nessas ocasiões, ele me mandava sentar no lavabo ou na banheira; ele abaixava as calças e a cueca e introduzia seu sexo no meu. Esses fatos aconteciam de vez em quando, quando dava vontade nele".

Essa sucessão de estupros se interrompe por um movimento de ciúme furioso:

"Ele disse que ia me engravidar e dar queixa contra Alexandre se eu recusasse. Eu bem que tentei resistir, mas ele me agarrava e, como era mais forte que eu, eu não podia fazer nada [...]. No início, eu não entendia muito bem, não dizia nada, pois era pequena e não me dava conta, depois entendi, não disse nada, pois tinha medo do meu pai e sabia que a minha mãe não acreditaria em mim [...]. Nunca contei os fatos a quem quer que fosse, pois tinha medo do meu pai ser preso e de meus dois irmãos pequenos e de minha irmã ficarem abandonados".

Parece que o Sr. Aubois comprou seu silêncio: "Ele me prometia dinheiro para me fazer aceitar. De vez em quando, ele me dava, dizendo a minha mãe que era para me recompensar por ter estudado direito".

Por intermédio de Alexandre, o namorado de Eugénie, uma primeira falha ameaça o sistema. O Sr. Aubois pensava poder controlar a relação de Alexandre, um de seus colegas de trabalho, com sua filha:

"Com meu pai, as coisas começaram a degenerar depois que arrumei um namorado. Acho que meu pai ficou com ciúmes [...]; ele foi ficando agressivo comigo. Quando comecei a sair com Alexandre, ousei me revoltar um pouco contra meu pai. Este não teve mais relações sexuais comigo durante vários meses. Ele sempre está perto de mim; briga comigo por qualquer coisa e não me deixa em paz. Fiquei chateada e contei tudo a Alexandre".

Eis um trecho da carta que Eugénie lhe enviou:

"Estou lhe escrevendo para lhe contar uma coisa horrível. Faz um ano que estou com você, e você se perguntava por que meu pai sabia que eu não era mais virgem. Pois bem, vou lhe contar. Foi ele quem me violentou. Eu era muito nova quando isso aconteceu, e ele me disse que se eu contasse ele iria negar tudo. Minha mãe não sabe de nada e tenho medo de lhe contar [...]. Por favor, não diga nada a ninguém. Por favor, não diga a meu pai que eu lhe contei, pois ele pode bater em mim ou fazer qualquer coisa comigo".

Resumo da perícia

A denúncia provoca uma ruptura familiar brutal e radical, jogando Eugénie no vazio afetivo. Suas crises de angústia são contidas graças ao apoio de Alexandre e seus pais. Mas, embora fique aliviada por não ter mais de carregar um segredo pesado, Eugénie se vê órfã. Ela foi precocemente rejeitada por sua mãe. A Sra. Aubois acusa a filha de ser a origem de seus males. Sós, os avós maternos lhe transmitiram algumas referências estáveis e seguras. Por trás do traumatismo do incesto se revela um traumatismo infantil: acrescenta-se o segredo de sua filiação. Durante a investigação, ela descobre que "seu pai não é seu pai". O incesto se torna menos traumatizante e a questão de suas origens, mais perturbadora.

Hoje, Eugénie está em busca de marcas de afeição, de segurança, até mesmo de autoridade. Seus distúrbios psicológicos são múltiplos: fechada e depressiva, está às voltas com uma importante somatização. Uma agitação psicomotora se acentua nela à medida que progride na descoberta da anormalidade da relação incestuosa.

Declaração do Sr. Aubois

O Sr. Aubois nega com veemência as declarações de Eugénie, fala de uma vingança de sua filha, que espera poder viver com Alexandre. Sua mulher sustenta essa tese. O incesto começou com toques antes de descambar para estupros quando Eugénie fez onze anos. O recurso às ameaças foi necessário nos últimos anos.

"É totalmente falso. Não sei de onde ela tirou essa idéia [...]. Não consigo entender por que ela fez isso, talvez para ir embora de casa antes da maioridade".

Eis as confissões do Sr. Aubois:

"É verdade que eu amo Eugénie como minha filha, mas minha mulher ficou doente em 1978 e, no início de sua doença, não pôde mais ter relações sexuais durante sete, oito meses. Vendo Eugénie, não sei o que me deu e a desejei fisicamente. Minha mulher não estava em casa. Eu estava brincando com a menina, e isso veio de repente. Comecei a beijá-la no rosto, depois lhe perguntei se ela queria ver o meu sexo. Ela disse que sim [...], ela beijou ele a meu pedido, depois fui embora muito rápido, pois eu sentia que queria agarrá-la e eu sabia que não devia fazer uma coisa dessas. Entendo por agarrar a menina o fato de penetrá-la sexualmente.

Em seguida, todas as manhãs, Eugénie tomou o hábito de vir a meu encontro na cama enquanto a mãe preparava o café da manhã. Eu acariciava seus seios pequenos e ela me acariciava o sexo [...]. Penetrei-a certa manhã em minha cama. Perguntei-lhe se ela queria que eu pusesse meu sexo no dela, ela me disse que sim. Foi Eugénie quem se penetrou suavemente com o meu sexo. Depois que ela se penetrou completamente, tirei meu sexo. Naquele dia eu gozei, mas não em Eugénie.

Fizemos isso várias vezes de modo irregular. Depois, minha mulher estava melhor; deixei Eugénie em paz [...]. Lembro-me de tê-la penetrado em 82, minha mulher tinha ficado de novo doente. Aproveitei para dar-lhe banho com o consentimento de minha mulher [...]. Perguntei a Eugénie se ela queria fazer amor comigo. Ela não aceitou, eu insisti gentilmente, dizendo-lhe 'Vamos, deixa', e ela cedeu.

Em fevereiro de 84, Eugénie veio me ver e me perguntou se podia sair com Alexandre. Eu lhe perguntei para fazer o quê, e ela me disse espontaneamente que queria ter relações sexuais com ele".

O Sr. Aubois lhe concede esse favor, acompanhando-os a um hotel e espreitando a saída deles do fundo de um bar. Depois, voltando para casa em companhia da filha, com a ajuda do álcool, ele a estupra:

"Fui ao encontro dela no banheiro. Ao vê-la toda nua, aquilo me excitou. Tirei meu sexo, dizendo-lhe não sei o quê, e que seria a última vez. Eugénie não aceitou de modo algum, então eu forcei um pouco. Ela chorou um pouco. Eu lhe disse, entre outras coisas, para decidi-la a aceitar, que, se ela não quisesse, eu diria à sua mãe que ela tinha deitado com Alexandre".

Tudo degringolou com a descoberta de Alexandre e sua família.

"A partir do dia em que ela conheceu os pais do namorado, ela nos considerou um zero à esquerda. Ela esperava impaciente que ele obtivesse licença para ir para a casa dos pais dele. Várias vezes ela nos disse que queria sair de casa e, a cada vez, eu lhe dizia que ela não iria embora antes de completar dezoito anos".

Ele esperava dominar a vida amorosa e sexual da filha:

"Não coloquei obstáculos entre Alexandre e Eugénie. Ao contrário, fui eu quem lhe disse, quando minha mulher se deu conta de que eles tinham relações, para tomar pílula para que ela não ficasse grávida naquela idade [...]. Fui eu quem levei Eugénie ao médico para que tomasse pílula [...], minha mulher não queria ir, ela tinha muita vergonha. Eu sabia que eles tinham relações sexuais, já que uma vez os surpreendera".

Por outro lado, ele tenta constantemente se desculpar:

"Eugénie mente quando diz que eu lhe dava dinheiro para ter relações com ela [...]; é porque ela ajudava a mãe a arrumar a casa". Se costumava dar banho em Eugénie, "é simplesmente por uma questão de higiene, pois minhas filhas não sabiam se lavar direito e cheiravam mal".

Uma pequena ponta de vergonha emerge nessa onda de defesas:

"É claro, sabendo que não era certo, não falei disso com ninguém. Minha mulher nunca teve a mínima suspeita. Várias vezes eu quis lhe falar, mas não ousei, sabendo que era uma monstruosidade".

Mas, finalmente, o Sr. Aubois é decisivo:

"Não quero mais que Eugénie ponha os pés na minha casa depois desse caso. Não posso perdoá-la".

Resumo da perícia

O Sr. Aubois vem de uma família de dezesseis filhos, sendo que quatro morreram pequenos. Seus pais, hoje falecidos, eram igualmente marinheiros e, portanto, com freqüência ausentes. Muito novo, ficou sob os cuidados dos serviços sociais. Todos os filhos foram separados. O próprio Sr. Aubois não consegue se situar na fratria. Desde a idade de doze anos, ele trabalha, substituindo o pai doente. Quando se é bem cedo colocado numa posição de adulto, a confusão dos membros da família aumenta. Sua infância foi abalada pelas carências afetivas. Antes de se casar, como bom marinheiro, teria tido uma mulher em cada porto. Ele só retém de sua esposa as ausências: ausência de diálogo, ausência de sexualidade, ausência em relação ao interdito do incesto.

Declaração da Sra. Aubois

A Sra. Aubois apoiou o esposo e atacou com muita violência a filha. Durante a instrução, refugiou-se na doença a fim de se desculpar. Negou o incesto durante os fatos e durante a instrução.

"Nunca fui testemunha de absolutamente nada; minha filha nunca se queixou comigo do que quer que fosse. Censuro minha filha por ter feito tais acusações contra o meu marido e digo que a verdade vai acabar aparecendo. Sei que a minha filha é uma mentirosa e uma tarada, e estou segura de que o que ela diz é falso". Acrescenta: "É uma sem-vergonha, todos os jovens do bairro transaram com ela", e declara que, se seu "marido fosse preso embora sem ter feito nada, ela iria (ao abrigo onde Eugénie está colocada) para matar a sem-vergonha da filha".

Ela consegue escrever à filha uma carta de efeitos devastadores:

"Acredite em mim, eu deveria ter abandonado você quando nasceu, pois você não teria feito o mal que você fazia a todos. As pessoas que a conhecem estão pasmas com o seu comportamento. Fique com a sua família (a de Alexandre), pois comigo acabou; não quero mais vê-la e ainda menos ter notícias suas. Espero que você fique com remorso pela vida inteira pelo que você fez. Adeus para sempre. Seus irmãos e sua irmã a detestam".

A Sra. Aubois suprime até as imagens de sua filha: "Não possuo mais fotos de Eugénie, num acesso de raiva eu as destruí".

Com respeito ao banho que o esposo dava nas filhas, ela alega:

"Eu não podia fazer, pois estava com as mãos paralisadas [...]. Mesmo quando ela tinha quinze anos, meu marido era obrigado a controlar o banho de Eugénie, caso contrário ela saía dele tão suja quanto antes [...]. Como a porta ficava aberta, eu podia ver o que estava acontecendo e nunca houve gestos descabidos".

Resumo da perícia

A Sra. Aubois aparece como uma mulher simples, sem defesas, desmunida e depressiva, totalmente incapaz de se assumir e de assumir responsabilidades. Vinda de pais que se casaram de novo já tendo filhos, constantemente se sentiu rejeitada por sua família. Além disso, como os pais viajavam, foi colocada desde bem pequena numa instituição. Ela não conheceu amor materno. Seus filhos são a duplicação das carências que ela sofreu. Eugénie desperta nela a lembrança de um erro de juventude que ela tenta desesperadamente apagar.

Mas o efeito da inculpação do esposo agrava a inquietude da Sra. Aubois. Ela fica totalmente desestabilizada com a sua ausência. Sua questão angustiada permanece: como viver com os filhos sem o salário do marido? Sua dependência não é apenas financeira, mas anaclítica. O risco de perder seu objeto vital a mergulharia numa depressão grave. Para ela é, portanto, impossível acreditar na filha e protegê-la. A única saída seria a libertação do Sr. Aubois, libertação que ela irá implorar junto ao Ministro da Justiça.

Vivendo por procuração, a Sra. Aubois nunca se individualizou. Desde a infância, ela navega à margem da sociedade. Sua doença a fecha num mundo à parte, acentuando ao mesmo tempo sua dependência para com aqueles que a cercam. Ela não se insere de modo algum na linha das gerações.

Os desenraizados da vida

A infância dos Aubois foi apenas uma sucessão de colocações de instituição em instituição, de rupturas e de abandonos. A adaptação só pode ser precária e as identificações, incertas. Essa longa e pesada linha de desenraizados favorece desde a origem a fragmentação da família, que não se estrutura no modo da triangulação edipiana. Um mesmo problema de filiação repercute em cada um dos três protagonistas.

O Sr. Aubois é confrontado com a ambigüidade da filiação de Eugénie: uma filha que não é inteiramente sua filha. O incesto talvez seja para Eugénie o meio de se apropriar de sua "filiação". Continua sendo sintoma de confusão. Notemos que o Sr. Aubois é incapaz de fornecer a data de nascimento de Eugénie, nem sua idade exata, nem a data de sua adoção. Se Eugénie substitui uma amante, não vem ela igualmente preencher a ausência de uma mãe e/ou de um pai para ele? Tudo se passa para ele como se a ausência psíquica devesse ser suplementada por uma presença física. Não há, pois, nele, nenhuma interiorização do objeto. Talvez Eugénie esteja sendo tomada como objeto sexual intercambiável, a fim de preencher a ausência física e psíquica de sua própria mãe.

Transmitir o mesmo traumatismo e fazer os descendentes viverem as mesmas carências, é esta a história trágica desses pais. As identificações são impossíveis para Eugénie, pois cada um dos pais está ausente em sua função.

Do fechamento à fala

O Sr. Aubois cimenta o trancamento dos seus pela rejeição das leis que ele substitui por suas próprias regras. Ele não é nem portador da lei do interdito do incesto, nem submetido a ela. Ele admite que "é uma monstruosidade", mas sem a culpa edipiana.

A Sra. Aubois, ao negar o incesto, submete-se à lei de seu esposo como único referente e não atribui nenhum valor à norma social.

Nenhuma barreira interna (supereu) ou externa (lei social) contém a pulsão destruidora no Sr. Aubois. Ao dar dinheiro a Eugénie, ele se protege, invocando um salário justificado pela ajuda trazida à sua mulher. Ele estupra Eugénie persuadindo-se de que seus gestos não são criminosos, mas "uma monstruosidade".

Sua frase: "Eugénie se acostumara a vir todas as manhãs me encontrar na cama enquanto a mãe preparava o café" pede várias interpretações. Por que Eugénie se submetia a esse ritual? Por desejo de ocupar um lugar vazio e preencher a ausência de sua mãe? Por desejo de encontrar um pouco de calor e de ternura materna ou paterna ("Eu a acariciava [...] ela me acariciava")? O Sr. Aubois trai a confusão das gerações presentes nessa cama. Se as mulheres são intercambiáveis, elas são todas destinadas a um mesmo lugar: o de mãe. Em suas frases, o acento é colocado na troca de carinhos, logo, num registro arcaico.

O Sr. Aubois confessa o estupro de Eugénie com uma expressão surpreendente: "Ela se penetrou com o meu sexo", depois: "Depois que ela se penetrou completamente". Não se trataria de fantasias de penetração ou de devoração? Ou será simplesmente uma inversão defensiva das posições ativa e passiva, sempre presentes numa relação incestuosa? Atrás dessa revelação se entrevê um desejo fusional, uma fantasia de volta ao ventre materno.

Porém a violência indica que se trata de amar o objeto materno, ao mesmo tempo destruindo-o.

O Sr. Aubois quer evitar uma eventual gravidez em Eugénie. Alexandre se torna o pretexto para a contracepção, permitindo-lhe tranqüilamente estuprar a filha. Ele se confere o poder de dar a vida ou a morte e pensa ser capaz de teleguiar a relação de Eugénie e de Alexandre, em quem ele vê um duplo.

Eugénie revela primeiramente os fatos incestuosos a Alexandre sob o selo do segredo. O silêncio a protege, a fala permanece mortífera. Forçada a acusar o pai, ela provoca a explosão da família e experimenta um certo arrependimento.

Destruir para sobreviver

Eugénie se situa no meio de uma violência que exclui que duas gerações possam se suceder e viver sem que uma elimine a outra. O Sr. Aubois, com seu comportamento incestuoso, vai destruir a identidade dessa filha. Por que esse comportamento mortífero?

O mais espantoso é o ardente movimento de rejeição demonstrado pela Sra. Aubois. É evidente que algo vital, logo, mortal, está em jogo nela. Sua vida está nas mãos do esposo e, se ele desaparecer (se for preso), ela mesma vai se ver no caminho da morte. Para ela, a negação do incesto era preferível à perda do objeto investido sob o modo anaclítico. Assim, sua veemência em relação a Eugénie se explica: ou matar a filha, ou morrer. Ao se cortar do mau objeto, o que mata, a Sra. Aubois está lutando desesperadamente contra a descompensação. A lei que decide, que separa, que coloca os interditos e os limites, é inadmissível para a Sra. Aubois. Ao impedir a fusão, a lei não permite a divisão entre vida e morte? Entretanto, preexistente aos fatos e revelações, um vínculo mortífero une Eugénie e sua mãe. Eugénie, com seu silêncio, tenta conservá-lo a fim de evitar uma ruptura total com seu primeiro objeto. Hoje, um mesmo desamparo as habita, uma mesma angústia as machuca. Afinal, o incesto não tinha por função conservar a ilusão de um vínculo? A ilusão de existir?

Cada um, sendo intercambiável, pode preencher "o vazio ou o furo" do ser carente no qual ele se projeta. Nesse espaço psíquico vazio parece estar em jogo a problemática incestuosa, duplicada de uma problemática materna resultante dos primeiros conflitos arcaicos. Nossas hipóteses permanecem frágeis, mas fica evidente, à vista deste dossiê, que o incesto tem a ver com uma psicopatologia situada aquém de um conflito edipiano, ainda que existam alguns traços edipianos na organização psíquica de cada um.

Assim, o incesto teria por função preencher, com um ato, uma ausência psíquica, a ausência materna.

Família Bach
Estupro pai-filha

S*r. Bach*: nascido em 1934; diploma de torneiro-mecânico; alcoolista e violento.

Daphnée: nascida em 1955; vítima aos doze anos: durante vinte e um anos; dos doze aos dezoito anos, sofre atentados ao pudor; de dezoito aos trinta e três anos, estupros.

Sra. Bach: nascida em 1937; sem profissão; quatro filhos.

Fatos: toques, penetração e felação em geral sob a influência da violência e do álcool; ele nega durante um ano; suas confissões tendem a jogar a culpa na filha.

Denúncia: Daphnée telefona a uma amiga a fim de alertar a polícia.

Uma vida por procuração prendeu Daphnée no segredo de uma relação inconfessável. O torno paterno se entreabre quando um terceiro portador da lei imiscuiu-se no universo deles.

Três gravidezes marcaram a relação incestuosa, deixando em suspenso a cruel questão: de quem é a criança nascida durante esse período?

Declaração de Daphnée

A primeira passagem ao ato incestuoso acontece quando ela tem doze anos. Eis o relato de Daphnée:

"Numa tarde, ao voltar da escola, encontrei meu pai em casa, pois ele estava doente. Minha mãe tinha saído para fazer compras. Meu pai devia estar em seu quarto, ele me chamou e começou a tocar o meu corpo. Ele me dizia para não ter medo. Recomeçou dias mais tarde e os fatos se repetiram regularmente quando estávamos a sós no apartamento ou quando ele vinha me buscar na saída da escola; ele me levava para um canto no bosque.

A partir dos quatorze anos, as coisas evoluíram. Nessa época, eu já estava formada. Dei-me conta de que não era muito normal e eu me deixava levar com dificuldade. Ele então fez ameaças, dizendo que mataria a minha mãe ou todos se eu falasse.

Foi quando fiz dezoito anos que meu pai me pegou pela primeira vez e que tivemos relações sexuais completas".

Para chegar ao que queria, o Sr. Bach não hesitava em usar de violência e também de um constrangimento que atingia o paroxismo da perversão.

"Meu pai era violento e me subjugava assim; ele sabia que eu tinha medo e se aproveitava disso [...]. Uma vez, fugi correndo para o bosque, ele me alcançou, me apertou o pescoço e quase me estrangulou. Fiquei muito marcada por essa cena, que não esquecerei nunca. Ele apertou para me impressionar, não penso que tenha tido a intenção de me matar, embora ameaçasse me matar se eu revelasse os fatos. Estou convencida de que ele teria sido capaz disso, pois, sob o efeito do álcool, ele não se dominava. Se eu não lhe fizesse muitas coisas, minha nota era ruim e ele me sodomizava. Por isso é que eu tentava fazer o máximo para evitar a punição".

Sendo regular o incesto, Daphnée acabou ficando grávida. Na primeira vez, abortou por instigação do Sr. Bach. A segunda gravidez se concluiu por um aborto espontâneo. Quando Daphnée ficou grávida pela terceira vez, ela decidiu esconder a fim de ficar com a criança. A investigação genética iniciada durante o procedimento judiciário revelou, para surpresa geral, que o Sr. Bach não era o pai.

"Em 1981, como meu pai me engravidou, abortei. Assim que tive a confirmação dessa gravidez, informei meu pai, dizendo-lhe que estava grávida dele. Ele me disse para eu abortar, para não ficar com o bebê. Levou-me ele mesmo ao ginecologista. Foi o meu pai quem me deu o dinheiro para pagar o I.V.G* ".

---

* Interrupção voluntária de gravidez. (NT)

Um ano mais tarde, ela esconde dele sua terceira gravidez:

"Escondi minha gravidez até o fim, pois eu já havia feito um aborto e um outro espontâneo. Eu queria ficar com a criança. Eu alegava perdas, que eram reais, para evitar ter relações e, ao mesmo tempo, revelar a meu pai meu estado de gravidez para evitar que ele me obrigasse a abortar como na primeira vez. Essa gravidez não era visível durante os seis primeiros meses e por isso nossas relações continuaram. No dia seguinte ao nascimento, quando meu pai veio à maternidade, coloquei-o diante do fato consumado, dizendo-lhe que ele era o pai de minha filha. Ele imediatamente entendeu que o bebê era dele e reclamou apenas para ser conveniente com a minha mãe e a família. [...] Nessa época, eu tinha um namorado, mas que eu via muito raramente em razão da vigilância de meu pai. Sou incapaz de dizer se minha filha é desse rapaz ou de meu pai. Pessoalmente, estou segura de que a criança é de meu pai em razão da semelhança".

A identidade do pai foi escondida à mãe de Daphnée.

Durante esses vinte e um anos de incesto, o pai só deu um breve descanso a Daphnée quando ela tinha quinze anos, talvez porque ele tivesse uma amante então.

Nunca lhe foi possível levar uma vida normal:

"Ele não queria que eu saísse com os amigos [...]. Em razão das relações incestuosas, só conheci dois ou três homens, escondido de meu pai. Além disso, ele me desqualificava diante de minha família, dizendo que eu não era séria, que saía com homens".

No entanto, foi graças a um homem com quem Daphnée saía há algum tempo que o incesto pôde ser revelado. Este, não admitindo o caráter secreto da relação dos dois, pediu a mão de Daphnée a seu pai. O Sr. Bach rejeitou violentamente essa proposta e reforçou a vigilância sobre Daphnée:

"Ele me seguiu até meu trabalho e ficou a tarde inteira diante da loja para me vigiar. Foi ali que pirei. Estou aliviada, não consigo entender que estou livre [...]. Talvez eu tenha feito um belo estrago ao denunciar meu pai, pois ele está na prisão por minha causa".

Resumo da perícia de Daphnée

Bem criança, Daphnée quase morreu. Ela se tornou, assim, a preferida de seu pai. No entanto, dele ela só guarda más lembranças de seu comportamento violento e despótico: "Um ditador que sempre comandou".

A culpa de ter revelado os fatos e o medo de represálias quando este sair de prisão não a deixam.

A Sra. Bach é descrita como uma mulher doce, sem caráter, que se assemelha à filha na submissão. Enquanto sua irmã soube contrariar os projetos de seu pai e fugir de casa, Daphnée não teve essa força de caráter.

Essa mulher, moldada por seu pai, vê-se sem personalidade, perdida na vida, sem passado nem futuro. Ela foi seu objeto, permanecendo, assim, fora da filiação e fora do dom de vida. O pai é seu carrasco todo-poderoso; ela vive através dele, sem existência, permanece em suas mãos. Ela não se tornou um ser de fala, nem um ser de desejo, pois a vida não a atravessa; seu pai e sua mãe nunca mostraram a vida em ação nela. Aliás, espontaneamente, ela atribui a paternidade a seu pai, como se ela não pudesse gerar. Ela fica fora de geração e não habitada por qualquer espécie de vida.

Declaração do Sr. Bach

Eis o que disse o Sr. Bach quando foi preso:

"Naquela tarde, quando a minha filha saiu de carro para ir ao trabalho, peguei o meu e a segui sem me esconder [...]. Assegurei-me de que ela de fato se dirigia ao trabalho [...]. Fiquei lá mais ou menos entre 14 e 18 h 45, hora em que chegaram policiais. Se fiquei no estacionamento, foi pela simples razão que sou severo; aliás, em seguida ao encontro com um rapaz que queria se casar com a minha filha, eu queria saber se ele vinha ou não vê-la no trabalho [...]. Não vi ninguém na loja conversar com a minha filha".

Num primeiro tempo, ele nega as acusações, depois cede terreno:

"É falso dizer que eu tiranizava a minha família. Eu talvez fosse um pouco gritador, mas nunca bati. Tivemos acidentalmente um contato físico que me perturbou quando ela tinha doze anos. Acariciei-lhe a barriga e a cintura sem más intenções. Em todo caso, na primeira vez que tive relações sexuais completas, ela devia ter vinte anos (e não dezoito). De início, eu não desejava essas relações sexuais [...]. Minha filha não pedia por palavras, ela manifestava a intenção por gestos e atitudes. Ela me propunha sair de carro e, no trajeto, me tocava [...]. Ela me tocava dentro de casa de surpresa, embora eu nada tivesse pedido. Reconheço sinceramente que às vezes tive vontade de ter relações com minha filha, e de fato tive, mas em outras oportunidades eu agia em momentos de perturbação e fraqueza [...]; na minha opinião, ela consentia".

A respeito das diversas gravidezes da filha, ele declara:

Eu pensava que podia ser o pai da criança e lhe pedi para que fosse ver o médico para que tivesse suas regras, pois às vezes as mulheres têm uns dias de atraso". Ele nega, portanto, ter-se responsabilizado pela interrupção.

"Por que ela escondeu de mim o aborto espontâneo? Por que ela escondeu de mim essa gravidez? Nunca fui informado e não notei nada. Uma vez, no quarto, fui colocado diante do fato consumado. Tive um acesso de raiva naquele momento e, como minha filha dizia que queria abandonar a criança, eu não quis; da mesma forma que minha esposa [...]. Eu havia jurado à minha esposa não fazer perguntas relativas à paternidade".

Ele se contradiz ao evocar a liberdade que pretendia dar à filha:

"Se ela ainda mora conosco aos trinta e três anos, é porque é feliz vivendo conosco e em minha família. Ela nunca me falou de querer ir embora de casa ou mesmo de querer viver com um homem"; mas, um dia, ao encontrar um homem sob seu teto, sua reação foi bem diferente: "Não fiz perguntas, logo entendi que se tratava de um namorado de minha filha; tirei esse jovem de meu apartamento depois de lhe dar uns dois ou três tapas".

Quanto à violência exacerbada denunciada por sua mulher, ele se defende desqualificando-a:

"Minha mulher é uma mentirosa. Meu pai me prevenira, pois ela tinha fama de ser uma mulher leviana. Reconheço que eu era autoritário, mas, em trinta e cinco anos de vida comum, não me lembro, mas não devo ter-lhe dado mais que dois ou três tapas [...]. Reconheço que sou colérico e que, certa noite, expulsei porta afora minha mulher e meus filhos, mas fui buscá-los quase que de imediato".

Resumo da perícia do Sr. Bach

Os pais do Sr. Bach são falecidos. Do pai ele conserva a lembrança de um ser reto e autoritário, no entanto bom pai de família. Notemos que ambos exerceram a mesma profissão. Segundo ele, sua mãe era uma boa mulher, mas "um pouco dura", fria e distante.

Sua mulher é ideal: "Era a mulher da minha vida"; sua filha reúne todas as virtudes: "Ela é atraente demais, pois é trabalhadora, honesta, tem todas as qualidades". Ele mesmo se vê sem defeitos. Só a lembrança de sua mãe "um pouco dura" mancha esse quadro idílico. Deixa-se entrever, portanto, a possibilidade de carências e de frustrações apagadas por uma superidealização do objeto feminino.

O Sr. Bach aparece como um ser colérico de caráter instável, podendo explodir de uma hora para a outra ou "fechar a cara como sua mãe". De modo infantil, ele foge dos conflitos e se recusa ao diálogo.

Em conclusão, ele está no centro de um mundo sobre o qual ele reina, que deve se dobrar à sua lógica. Seu comportamento revela uma estrutura obsessiva, até mesmo paranóica (ele é o mestre de um universo onde todos lhe pertencem). Foi progressivamente se trancando num mundo imaginário regido por uma dinâmica mortífera.

Declaração da Sra. Bach

"Minha filha não me contou as ameaças que recebeu. Como minha filha era natural, não notei nada entre eles. Ninguém imaginava em nossa pequena família, nem eu nem meus outros filhos [...]. Ela ficava trancada [...]. Não me lembro de detalhes que poderiam ter-me feito duvidar da situação, de uma relação diferente da de pai e filha. Ele era um homem muito esperto que devia calcular seus golpes para que não houvesse ninguém naqueles momentos".

Com respeito à gravidez de Daphnée:

"Não percebi a gravidez de minha filha. Foi no final que ela me declarou que estava grávida e que em breve ia dar à luz. Ela me disse ter feito uma besteira e me pediu para não lhe fazer perguntas a esse respeito, o que fiz. Meu esposo não ficou surpreso com esse nascimento. Ele gostou muito do bebê e nunca o maltratou; ele lhe dava quase tudo".

A respeito da vida sentimental de Daphnée, a Sra. Bach declara:

"Ela nunca me falou de seus namorados. Não fiquei espantada com o fato de minha filha querer ficar em nossa casa em vez de sair com outras pessoas ou mesmo ter uma vida de casal".

Após o pedido de casamento, a violência de seu esposo não a deixa intrigada:

"Ele estava furioso, bateu em mim e também em Daphnée. Proferiu muitos insultos do gênero: nós não valíamos nada".

Durante os primeiros interrogatórios, ela faz a litania de seus anos de sofrimento com o esposo.

"Eu fazia parte de uma família de nove filhos e tive vontade de deixar o lar familiar; esperava um pouco o primeiro homem que me quisesse. Depois de ter tido uma relação mais continuada, tive um filho dele e decidimos nos casar. Apesar de seu caráter violento, nunca traí o meu marido. Aconteceu de ele me bater, mas nunca dei queixa. Agora considero meu esposo como um homem muito perigoso, vendo o dossiê. Estou persuadida de que é um homem que vai se vingar na minha filha e em mim assim que for solto. Eu era infeliz com meu marido. A vida era difícil com ele. Na presença de amigos ou de membros da família, ele se mostrava doce e sociável, mas, quando estávamos em família, ele mudava de comportamento de uma hora para outra". Ela às vezes devia aceitar a sexualidade perversa do esposo: "Ele gostava muito de mulheres [...]. Quando bebe, acontece de ele me pedir coisas estranhas".

Em seguida ela volta atrás em suas declarações:

"Ele era honesto e trabalhador [...]; é um homem que sempre me apoiou na vida; é um homem muito, muito generoso [...] ele adorava os filhos".

Os três filhos vão igualmente tentar restaurar a imagem de um bom pai de família. Um de seus filhos homens propõe acolhê-lo e oferecer-lhe um trabalho, pois "era um bom pai"; o segundo vai mais longe: "Ele soube nos criar no bom caminho, trabalhou a vida inteira para que não nos faltasse nada. É um homem generoso com todos nós [...]; não é um alcoolista, e, sobretudo, não é violento".

A segunda filha do Sr. Bach, que rechaçou suas investidas, conclui:

"Essa situação perturbou toda a família [...] e, apesar dos erros de que o acusam, mesmo assim era um bom pai de família, que trabalhou a vida inteira para nos criar".

Um pai absoluto

Vista de fora, a inadaptação social do Sr. Bach não transparece. No entanto, esse homem está totalmente cortado do mundo e ignora toda referência ao interdito do incesto. Ele reina como um déspota.

"Quando estávamos à mesa, tínhamos de nos calar, pois ele ficava rapidamente violento; era um verdadeiro chefe de família que fazia a lei em sua casa".

Sua violência lhe dá a sensação de existir. Ele se dá um direito de vida e de morte sobre seus súditos, como atesta seu pedido de interrupção da gravidez.

A Sra. Bach e Daphnée se inclinam como escravas. Após tantos anos de sofrimento, a Sra. Bach tem a oportunidade de poder enfim exprimir sua dor. Ausente como amante, ausente como mãe, ela o foi também para proibir o incesto. O Sr. Bach só abusava de Daphnée na ausência de sua mulher. Sua presença constituía uma barreira externa.

"Ele me agarrou": ao contrário do que diz Daphnée, o domínio sobre a sua vida e seu corpo não data do primeiro estupro, é anterior a ele. Ela não podia se tornar um ser de desejo: "Eu era propriedade dele".

O interdito não ocorre entre ela e ele, mas entre ela e os outros homens, entre ela e o mundo exterior, entre ela e a vida. A lei da troca não existe; a exogamia é proibida.

O Sr. Bach se defende, minimizando seu papel: "Tivemos acidentalmente um contato físico". Por efeito de uma projeção, ele afirma que Daphnée "pede". Sua esposa se torna "uma mulher leviana". A mulher assume os traços de um objeto perverso, sujo ou a ser sujado. Ao projetar sua própria perversão, o Sr. Bach tenta colmatar sua ferida narcísica subjacente.

Reabilitado o interdito e restituída a fala, Daphnée toma o caminho da vida: "Estou livre", suspira. A justiça lhe devolveu seu direito à vida, mas o aprendizado será longo e doloroso.

Uma gravidez velada

Como vimos, o filho nascido de uma filiação incestuosa só pode ser reconhecido legalmente por um de seus genitores; as circunstâncias de sua concepção devem permanecer jurídica e socialmente secretas.

Uma gravidez incestuosa implica estupro. A prova "física" do incesto confronta seu autor com um crime que ele não está mais em condição de dissimular. Por isso o pai incestuoso quase sempre cuida de não engravidar a filha. Se o Sr. Bach intervém durante a primeira gravidez, as seguintes escapam à sua vigilância. Entretanto, sua negação é maciça. Embora tenha relações sexuais com ela até o sexto mês de gravidez, ele não percebe nada. Ele não pode imaginar Daphnée como um ser portador de vida. A Sra. Bach também é cega. "Colocado diante do fato consumado", ele deve resignar-se em admitir que Daphnée acabava de fazer "um filho nas suas costas". Mas por que a própria Daphnée se mostrou tão resolvida a ficar com um filho, já que estava convencida de que se tratava de um filho de seu pai? Teria encontrado a oportunidade de assim manifestar a vida que estava enterrada nela? A oportunidade de se libertar parcialmente do domínio paterno? Ela mesma declara: "Escondi minha gravidez até o fim, pois já sofrera um aborto e outro espontâneo". É um desejo de gravidez – de uma gravidez secreta – e não um desejo de criança que Daphnée exprime, pois, logo após o nascimento da criança, ela deseja abandoná-la, ao passo que o pai a isso se opõe violentamente. Mas por que ela afirma: "Tenho certeza de que o filho é de meu pai em razão da semelhança"? Seria lógico essa criança ter certos traços do avô por filiação (não incestuosa). Ora, Daphnée não pode conceber isso. Como todas as meninas, desejaria ela ter um filho do pai? Mas entre a fantasia a realidade há um abismo. E a passagem ao ato esvazia a fantasia e o desejo edipiano.

O acaso quis que o filho de Daphnée fosse uma menina, reforçando nela a crença num duplo e não num ser distinto dela. Daphnée se projeta totalmente na filha que "teria gostado de ter um pai assim", atencioso, e não um déspota. Essa criança se vê, desde a origem, confrontada com uma filiação de onde está excluído o lugar de um pai. Cada um secretamente pensa que o Sr. Bach é o genitor, autor inconfessável. Sob o domínio de um sentimento de culpa ou de um desejo de conservar seu poder, o Sr. Bach é cuidadoso com a criança. A eventualidade de um abandono parece ter reativado nele uma angústia de separação. Sua generosidade o leva a "lhe dar tudo". Ele permanece, portanto, incapaz de impor limites estruturantes.

O mau objeto presente torna-se um bom objeto quando está ausente. A idealização familiar não enfraquece. Com o marido na prisão, a Sra. Bach é vítima de angústias. "Foi o homem que me apoiou na vida", diz ela, traindo sua dependência em relação a ele.

Família Cooper
Estupro pai-filhas

Sr. Cooper: nascido em 1947; sem diploma; escolarizado até os doze anos; agente de fabricação; violento.

Estelle: nascida em 1973; vítima aos dez anos, durante alguns meses.

Cécile: nascida em 1976; vítima desde os seis anos, durante quatro anos.

Sra. Cooper: nascida em 1952; professora primária; duas filhas.

Fatos: toques, tentativas de penetração com ameaças de violência, confissões completas.

Denúncia: A Sra. Cooper se dirige a duas associações que a incitam a dar queixa.

Quando o Sr. Cooper abusa de suas duas filhas, sua mulher é rapidamente informada disso. Atormentada entre o desejo de proteger as filhas e o de conservar o esposo, a Sra. Cooper não inicia de imediato um procedimento judiciário. No entanto, como o marido reitera seus abusos com a caçula, a Sra. Cooper não hesita mais em interpelar a justiça.

Declaração de Estelle

"A vida acontecia normalmente lá em casa. A coisa começou a se manifestar por beijos na boca quando minha mãe não estava presente. Em seguida, esses beijos passaram a ser dados mesmo quando ele vinha me dar boa-noite. Esses atos duraram mais ou menos um mês até uma noite em que outros acontecimentos se passaram. Meu pai me disse para ir para o meu quarto, tirar a roupa e esperar. Foi o que fiz. Meu pai foi então a meu encontro e me disse para eu me deitar nua de barriga para cima. Fiz o que ele me dizia e ele então tentou me penetrar enquanto me acariciava. Aquilo doeu. Ele ameaçou me bater se eu não fizesse o que ele queria e me disse para nunca contar o que estava acontecendo a mamãe pois, senão, ele bateria nela".

Algumas semanas depois desses fatos, Estelle conta à mãe a relação incestuosa de que foi vítima. Entretanto, é a rivalidade com a irmã que a leva a essa confissão.

"Fui testemunha de algo que me impressionou. Encontrei minha irmã na cama de papai com ele. Quando entrei, vi papai fazer um movimento brusco na cama como que para afastar rápido a minha irmã".

Estelle, tornada um supereu interditor, não será mais importunada pelo pai. Em contrapartida, vai viver dolorosamente a rejeição, o ódio deste para com ela. A Sra. Cooper constata isso: "Meu marido tem um ódio terrível dela. Na minha opinião, isso se deve ao fato de que ela não queria ceder a todos os seus desejos".

Declaração de Cécile

Cécile declara que, tendo então seis anos, pensava que o que seu pai fazia com ela era normal, pois ela não entendia. "Quando tive uma explicação com mamãe, compreendi que isso não era normal".

Resumo das perícias de Estelle e Cécile

Estelle se sente e se sabe mal amada por seu pai. Esse sofrimento se transforma num sentimento violento de ódio e de nojo para com esse homem: "Ele pode muito bem morrer, não estou nem aí, ele nunca me amou". A ferida está aberta. Porém ela ficou protegida do traumatismo incestuoso (ao contrário da irmã). Ela está bem inscrita na filiação e se projeta num futuro familiar e profissional. Mas tudo o que estiver ligado à sexualidade e à feminilidade permanece ansiógeno para ela. Ela costuma somatizar, tem regras dolorosas, dores de barriga, ganha peso.

A nosso ver, esses sintomas provêm não só da problemática incestuosa, mas também do fato de que seu pai não a reconheceu como objeto de desejo ao rejeitá-la com violência. A mãe de Estelle bem como os avós maternos permanecem imagens estáveis e tranqüilizantes. Pensamos que Estelle não correu o risco de falar de novo do incesto por medo de destruir o casal parental, "que se entendia tão bem", mas igualmente por medo de perder, além disso, o amor materno. Assim, a relação do pai e da filha foi selada pela cumplicidade e pelo silêncio. Ao enganar a vigilância da Sra. Cooper, seu esposo reincidiu quando lhe foi dada a oportunidade de abusar da caçula. Cécile se tornou, no mesmo movimento, a criança abusada e adorada. Esse duplo vínculo marcado pela perversão paterna prendeu-a no silêncio. Com efeito, denunciar o pai teria sido trair a afeição que ele tinha por ela. Entretanto, sua rejeição dos homens e seu deslizamento para a depressão traíam um traumatismo latente. A Sra. Cooper ouviu seus apelos de socorro.

A complexidade dos afetos tecidos com o pai fizeram com que Cécile perdesse todas as suas referências identificadoras. Cécile aparece mal estruturada, angustiada e reservada. Sua mãe, no entanto, permanece uma imagem tranqüilizante, o que não afasta o risco de uma fixação de Cécile em sua mãe, como mostra seu temor de ter separado o casal parental e de assim estar na origem da infelicidade de sua mãe.

Declaração do Sr. Cooper

O Sr. Cooper tinha trinta e nove anos quando abusou de suas duas filhas. Sua atitude violenta e ameaçadora lhe permitiu manter um clima incestuoso durante vários anos: "Bastava eu pedir enquanto pai à minha filha para fazer o que eu queria para que ela executasse".

Eis sua versão dos fatos:

"Isso começou da seguinte maneira: minha filha vinha em busca de carinho e eu pouco a pouco acabei tendo uma atitude mais terna com ela. Comecei beijando-a na boca, depois passei a tocá-la através da roupa para acabar praticando toques sexuais. A penetração nunca foi completa, eu parava quando minha filha sentia dores... Eu a punha para chupar a ponta de meu sexo um pouco como um bico de mamadeira. Na minha cabeça, durante esses atos, eu sempre tenho por objetivo único lhe fazer o bem e não o mal. Depois que passava a vontade, eu me dava conta de que o que eu acabava de fazer não era normal. Eu estava num estado alterado".

Resumo da perícia

Último filho de uma fratria de oito, o Sr. Cooper perde o pai aos seis anos de idade. Até o falecimento de sua mãe doente, ele assume os cuidados diários desta. Cuida igualmente das compras, da casa e ganha um pouco de dinheiro trabalhando. Como fica órfão aos doze anos, um de seus irmãos mais velhos, casado e sem filhos, decide criá-lo. O Sr. Cooper nunca pôde fazer o luto de sua mãe; ainda hoje, ele não consegue deixar de chorar quando a evoca. Nos dias seguintes à sua morte, ele estava convencido de que ela estava a seu lado quando ele adormecia. Ainda que não tenha mais a impressão de vê-la, continua persuadido de que uma presença está a seu lado.

Ele encontrou sua mulher durante as suas atividades esportivas organizadas por seu futuro sogro. O futebol lhe permitiu incorporar e descarregar um componente homossexual recalcado: "Ele gostava muito de olhar o sexo de seus camaradas".

Por razões de saúde, o Sr. Cooper viu-se forçado a abandonar o esporte. Ganhou peso, viveu um sentimento de impotência e progressivamente se retirou do mundo: não gostava nem de sair nem de conviver com família ou amigos.

A perícia sublinha a imaturidade de sua identidade sexual e a ausência de interiorização do interdito do incesto. Ele sente vergonha, não culpa. O narcisismo domina no quadro; aliás, ele dá uma boa imagem de si, a de um homem prestativo e trabalhador.

Declaração da Sra. Cooper

A Sra. Cooper, como dissemos, empregou uma energia considerável a fim de proteger suas filhas do incesto, ao mesmo tempo guardando o esposo junto de si. Ela finalmente resolverá denunciar o incesto:

"Uma noite, minha filha Cécile, com sete anos de idade, declarou-me não poder mais suportar os repetidos atos de seu pai com ela. Fiquei aterrada de ficar sabendo que meu marido se fazia acariciar pela menina, e isto há longos meses. Fiz a mais velha me confirmar o que a outra dissera. De novo, fiquei surpresa de saber que meu esposo tinha igualmente agido daquele jeito com a maior. Deixei imediatamente as meninas protegidas no quarto para em seguida pedir explicações a meu marido. Num primeiro tempo, ele negou os fatos, depois os reconheceu. Ameaçou nos matar se revelássemos esses acontecimentos a quem quer que fosse. Diante das ameaças proferidas por meu marido, devo confessar que tive medo. Com efeito, ele é violento – acho que posso me situar na categoria das mulheres espancadas [...], ainda mais porque ele traz sempre uma faca consigo. Não contei a ninguém, esperando não destruir por completo a célula familiar".

Ela explica então os esforços que fez para fazer cessar o incesto:

"Sabendo que ele era muito ligado a tudo o que diz respeito ao sexo, acreditei poder, cedendo a todos os seus desejos, salvaguardar as minhas filhas. Montei uma guarda particularmente vigilante em torno de minhas filhas, não as deixando nunca sós com ele [...]; isso se tornou para mim uma preocupação tão constante que teve incidências em meu físico: perdi doze quilos. Quis fazer com que minhas filhas esquecessem o que se passara, pensando que mais nada se passara.

Acreditei assim [...] preservar a integridade de minhas filhas. No entanto, quando constatei o estado de desamparo em que estava Cécile – ela estava se deixando morrer –, duvidei. Ela tinha, além disso, uma repulsa completa pelos homens. Ontem, fiquei sabendo que [...] os fatos se repetiram. Algumas vezes, apesar de tudo, ele conseguiu despistar a minha vigilância".

O Sr. Cooper foi o primeiro homem de sua vida e, a despeito do desentendimento com ele e de sua condição de mulher espancada, ela convém: "Eu o amei muito, estava sob domínio dele". Ela aceitou tudo dele: renunciar aos amigos, afastar-se da família; quase até abandonou a profissão de professora. A Sra. Cooper sempre esteve próxima das filhas. Tinha com elas uma relação fundada no silêncio e no segredo. Uma cumplicidade que reforçava a exclusão do pai.

Ela se preocupa com o futuro de Cécile tanto ela lhe parece perturbada, ainda mais, declara, que "meu marido parece [...] lhe ter trazido um certo gozo. Minha filha me disse que os atos duravam até que a gente se sentisse bem".

Escolhas impossíveis

"A vida acontecia normalmente" até o dia em que, deslizando da ternura à sexualidade, o pai se torna o amante, a confusão de línguas entre criança e adulto se instaura definitivamente.

Como vimos, desde a infância o Sr. Cooper está preso em papéis masculinos e femininos sem poder se fixar numa identidade sexual estável. Ele nunca fez o luto de sua mãe, comprometendo assim seu processo de individuação ao permanecer dominado por uma relação oral. Ele recusa solidão e separação. A rejeição da morte e a ausência de interiorização do interdito do incesto (e do objeto) o confinam numa posição situada aquém da triangulação edipiana.

Sua imaturidade psíquica e sexual é patente em seu comportamento em relação a seus companheiros de esporte. Sua tendência voyeurista visava o tempo todo tranqüilizá-lo quanto à sua identidade sexual: era homem diante de outros homens. Sua relação incestuosa é vivida num registro oral arcaico. Suas expressões mostram isso: "acariciar, mimar, ato terno, beijos", e ele assimila seu sexo a um "bico de mamadeira".

O ato incestuoso projeta-o numa relação fusional em que ele é a um só tempo mãe e filho. Ele assim recria uma esfera diádica em que os mecanismos de separação e de individuação são minuciosamente mantidos à distância. Ao surpreendê-lo em flagrante delito, Estelle acaba simbolizando a seus olhos a lei social e o supereu. O ódio que ele tem por ela está na medida de sua rejeição da lei.

Para evitar viver uma separação, ele prefere cortar-se da filha. Recorre à clivagem do objeto; Estelle, como uma mãe má, proíbe e desperta as frustrações precoces, enquanto que Cécile se presta ao desejo incestuoso e fusional.

Por que a Sra. Cooper queria com tanta gana conservar um esposo violento e estuprador? Seria em razão de sua relação anaclítica? Seja como for, Estelle e Cécile foram sensíveis à cumplicidade que juntava os pais. Elas suspeitavam a incapacidade da mãe de tomar uma decisão. A hesitação da mãe fez com que temessem que ela preferisse o incesto a ter que se separar do marido. Revelar o incesto podia abalar o amor materno. A vítima pode julgar "preferível" submeter-se a um abuso incestuoso em vez de correr o risco de perder o amor materno precário ao revelar os fatos? Será preferível para seu psiquismo? Por outro lado, terá sido a intervenção da lei ou o alívio de ter uma mãe favorável à causa das duas que afinal protegeu Estelle e Cécile? Será talvez a incidência dos dois que contribuirá para restaurar uma identidade feminina ultrajada?

A Sra. Cooper, portadora apagada da lei, tenta perpetuamente conter o núcleo psicótico familiar. Ela recorre a organizações custosas para evitar a descompensação que provocaria o deslocamento do grupo familiar. Entretanto, ela mesma está habitada pela angústia de perda de objeto, com certeza despertando um sofrimento arcaico.

As filhas da Sra. Cooper vivem a angústia da mãe e a angústia de perder a mãe. O silêncio e a submissão ao incesto devem prevenir o traumatismo de se separar da mãe. Deve-se incriminar uma falha na relação mãe-criança que estaria na origem dessa insegurança afetiva e que teria tornado possível o incesto? A fraqueza materna teria, então, uma incidência sobre as condições do incesto.

Família Dubois
Estupro pai-filha

Sr. *Dubois*: nascido em 1946; diplomas de torneiro-mecânico; empregado municipal; alcoolista.

Émilie: nascida em 1973; vítima aos quatorze anos, durante três fins-de-semana.

Sra. Dubois: nenhuma informação sobre ela; duas filhas.

Fatos: toques, penetração vaginal, anal e bucal; confessa, depois alega circunstâncias atenuantes: alcoolismo e depressão. Não há bebida nem violência presentes durante os fatos.

Denúncia: Émilie conta à assistente social do centro de proteção aos menores.

As pessoas deste dossiê chamaram nossa atenção por seu desamparo, sua miséria e seu despojamento, tanto material quanto psíquico. As meninas estão entregues à Assistência Social, os pais são contumazes: o pai, depressivo, a mãe, ausente e rejeitante, não hesitou em abandonar sua progenitura. O incesto não aconteceu com violência.

Declaração de Émilie

"Fomos entregues à Assistência Social por causa das surras que nosso pai nos dava. Pouco depois da nossa vinda para cá, a nossa mãe deixou o nosso pai. De lá para cá, nosso pai não está nada bem. [...]

Naquela noite, ele mandou a minha irmã ir dormir. Depois, veio conversar comigo [...], pôs-me no colo, disse-me que não tinha cuidado o bastante de mim na infância. Eu lhe disse que estava cansada, que queria ir dormir, mas ele me disse para ficar com ele um momento. Meu pai ainda me falou, depois, num momento, acariciou o meu peito por cima da roupa e me beijou na boca. Papai mandou eu tirar a roupa, mas eu lhe respondi que era sua filha. Disse-lhe que queria ir dormir e fui embora para o meu quarto. Meu pai veio ao meu encontro para me mandar dormir na cama dele. Fui então para a sua cama. Ele continuou 'com aquelas coisas', isto é, a acariciar meu peito e a me beijar na boca. Não fez mais nada, depois adormeceu e eu também".

Quinze dias mais tarde, a cena se repete, mas de maneira mais acentuada:

"Meu pai ficou sozinho comigo conversando. Depois, mandou-me ir dormir com ele. Fomos para o seu quarto e meu pai mandou eu tirar a roupa, o que fiz. Fiquei mesmo assim de calcinha e sutiã. Ele me disse para tirar tudo. Me acariciou no peito e me beijou na boca. Depois, me acariciou mais embaixo, isto é, no sexo".

No fim-de-semana seguinte, o Sr. Dubois chega à penetração:

"Uma noite, quando estávamos na mesma cama, meu pai me pediu para tirar a camisola; fiquei nua e ele também. Ele me acariciou e me beijou como de hábito, depois se deitou sobre mim e tentou me penetrar. Conseguiu, mas, como estava doendo, eu lhe disse para parar, o que ele fez. Ele me pedia para não contar a ninguém, mas eu, no final, fiquei cansada do que ele fazia".

Resumo da perícia de Émilie

A relação de Émilie com sua mãe parece ter tido um efeito muito mais perturbador do que os atos incestuosos. Ela não conhece a idade exata da mãe e não a vê há mais de um ano; ela não lhe faz falta. Descreve-a como violenta, egoísta, alcoolista, ciumenta das filhas e sobretudo pouco afetuosa:

"Ela batia na gente o tempo todo, por nada: tapas, cintadas, pontapés. Se nos davam dinheiro, ela pegava para ela. Se nos compravam roupas, ela não queria que vestíssemos [...]. Em casa, ela só ficava vendo televisão, dormindo e comendo. Nós é que fazíamos a limpeza e as compras".

A carência materna é manifesta. Émilie diz isso numa frase: "O que me faltou mais foi ternura".

Seu investimento da imagem paterna é bem diferente, pois, embora colérico, o pai não é violento, é às vezes afetuoso. Émilie guarda da infância lembranças agradáveis desse pai que a protegia, assim como a irmã, de uma mãe destruidora: "Papai defendia a gente".

Émilie vive mal a inculpação de seu pai, pois ele é seu único pólo de afeição: "Que ele não vá para a prisão [...] para que não se suicide".

Declaração do Sr. Dubois

"A partida de minha esposa me perturbou muito. Até junho de 88, tive uma atitude normal com as minhas filhas, mas, aos poucos, fui me sentindo atraído por Émilie, que se tornava uma moça. Primeiro tive vergonha de lhe dizer, mas é exato que, depois de ter penetrado Émilie pela vagina, eu a penetrei pelo ânus. Tive essa atitude com Émilie, pois, desde a partida de minha esposa, eu tenho depressão e grandes necessidades afetivas. Além disso, entrego-me à bebida, o que não melhora o meu estado". Ele acrescenta: "Se cometi atos impudicos com minha filha, foi para me vingar de minha mulher e da juíza que defendia a minha mulher; eu queria que devolvessem minhas filhas".

Resumo da perícia

Ocupado unicamente com o seu sofrimento, o Sr. Dubois não mede a gravidade de seus atos. A partida de sua mulher de certo modo o esvaziou de uma parte dele mesmo. A passagem ao ato incestuoso devia colmatar uma ferida narcísica. O Sr. Dubois tem uma necessidade constante de se sentir seguro.

Sua infância foi penosa, mas sem traumatismo importante. Seu pai foi embora quando ele tinha quatorze anos, assim abrindo uma falha em seu narcisismo. Ele ficou só junto à mãe, resistindo aos desejos incestuosos despertados numa confusão de lugares: "Eu não queria que ela me fizesse carinho". O Sr. Dubois é tímido com as mulheres. Casou-se forçado, tendo tido antes relações sexuais com sua futura esposa.

Émilie é para ele um objeto não somente sexual, mas narcísico: "Ela via minha tristeza e vinha dormir comigo. Ela é mais inteligente que minha mulher e sabe me entender melhor".

Em busca da ternura materna

Essa família miserável é digna dos romances de Zola. Mãe alcoolista e violenta, pai depressivo. As filhas vão para a Assistência Social, para remediar as carências parentais.

Émilie se apresenta como a mais estruturada da família, aparentemente adaptada à vida social e conhecendo o interdito do incesto, que ela levanta diante do pai: "Mas eu sou sua filha".

O Sr. Dubois aparece como um estado-limite. A diferença das gerações não é portadora de interdito para ele. Ele passou de sua mãe à sua mulher, de sua mulher à sua filha.

Ele se identifica com seu agressor (sua mãe) ao abusar de Émilie que tem então a mesma idade que ele tinha quando caiu na armadilha da confusão: quatorze anos. O Sr. Dubois redistribui os papéis como sua mãe fez então. Ela lhe deu o lugar do esposo ausente, o Sr. Dubois põe Émilie no lugar da mulher que o deixou.

No que diz respeito a Émilie, privada de qualquer ternura materna, não se pode excluir que ela tenha buscado e encontrado um pouco de afeição e de amor materno através do incesto. Pois o Sr. Dubois acaba ocupando uma função materna em relação à ela.

A busca materna certamente se deslocou para outro objeto (o Sr. Dubois) mais apto a remediar as carências afetivas. Isso não prejulga de modo algum uma culpa qualquer de Émilie, mas sublinha o enfraquecimento da função paterna.

Seríamos tentados a dizer que, em definitivo, o encontro de Émilie e de seu pai ressuscita a boa mãe no leito incestuoso. Ambos estão em busca de uma mãe cuja afeição não pode se exprimir em falas, mas apenas por passagens ao ato.

A análise deste dossiê mostra isso claramente: o incesto tem um vínculo direto com o lugar da mãe, trate-se da mãe real, imaginária, simbólica ou arcaica.

Valentine e a família Engel

Atentado ao pudor de um tio com a sobrinha

S*r. Engel*: tio e tutor legal de Valentine; nascido em 1950; sem diploma; motorista.

Valentine: nascida em 1967; vítima aos quatorze anos, durante três anos.

Sra. Engel: tia e tutora legal; nascida em 1948; sem filhos; embaladora em farmácia.

Fatos: toques, atitude voyeurista e exibicionista; confessa. A Sra. Engel às vezes estava no apartamento.

Denúncia: em seguida a uma tentativa de suicídio, Valentine inicia um procedimento judiciário.

Declaração de Valentine

"Eu estava cansada do comportamento do meu tio, que me usa. Foi por essa razão que decidi pôr fim aos meus dias. Tomei comprimidos e álcool e fui parar no hospital.

Desde que estou na casa dele, ele me impõe carinhos. Aproveita sempre da ausência da minha tia para me acariciar. Isso costuma acontecer todos os dias.

"Não me lembro como isso pôde acontecer na primeira vez, mas, desde então, meu tio está sempre atrás de mim; ele cola em mim, ou então, quando lavo louça, ele vem por trás e se cola em mim [...[. De vez em quando me beija na boca. É sempre um beijo de namorado; sou obrigada a empurrá-lo para pôr fim a isso. Ele também me acaricia o corpo por cima e, sobretudo, por baixo da roupa.

Esses fatos vêm durando há dois anos e meio; eles se desenrolam todos os dias da mesma maneira. Ao meio-dia, fico só com ele até as quatorze horas. Depois de comer, costumo me sentar no sofá para ver televisão; ele sempre vem se sentar ao meu lado, põe as minhas pernas sobre ele e começa a me acariciar.

Isso também acontece quando a minha tia está no apartamento. Basta ela se isolar num quarto para que o meu tio venha atrás de mim para se colar em mim e me acariciar".

Valentine sublinha o comportamento voyeurista e exibicionista de seu tio:

"Notei que, quando eu estava no banheiro, sentia-me vigiada. Um dia, sabendo que ele estava atrás da porta, abri bruscamente a porta e vi meu tio se levantando. Aconteceu de eu ver meu tio nu. Ele usava do seguinte estratagema: por exemplo, ao voltar de noite, ele se vestia e dava um jeito para que eu o visse nu".

Valentine se vê, de um dia para o outro, sem nenhum lar que lhe dê segurança. Mas é verdade que antes de suas declarações já era assim:

"Não quero mais voltar a viver na casa deles. Tampouco quero ir para a casa da minha mãe e meu padrasto, que já me puseram na rua".

Aliviada após essa revelação, ela deseja em seguida retirar a queixa: "Ele tem que sair, já pagou o bastante", declara ela. Por outro lado, preocupa-se com o futuro da tia: "Ela vai perder o emprego e terá de deixar o apartamento onde mora".

Resumo da perícia

Valentine nasceu de pai desconhecido. A mãe sempre recusou lhe falar dele. Valentine afinal desiste de encontrá-lo: "Disseram-me que ninguém mais falaria comigo".

Não desejada pela mãe, é entregue às instituições desde o nascimento. Quando sua mãe se casa com o seu padrasto, Valentine volta a viver junto aos seus. Esse homem que ela pensava ser seu pai a reconhece legalmente aos quinze anos. Suas referências filiais, já frágeis, ficam abaladas.

O nascimento de seu meio-irmão foi fatal para ela: "Quando meu irmão chegou, acabou, ela (minha mãe) gostava mais de meninos". Pouco à vontade no lar, Valentine foge várias vezes e se refugia com freqüência na casa da tia materna. Sua mãe permanece surda a seus apelos incessantes: "Quando voltei, minha mãe me disse: você faz as malas (que ela já havia feito) e vai embora".

Como a tia e o tio lhe trazem reconforto e segurança, o tribunal toma uma decisão, atribuindo-lhes a responsabilidade legal de criar Valentine. Aliás, a mãe de Valentine já havia pedido sua colocação numa instituição. Bem rápido uma relação privilegiada se instaura entre Valentine e o Sr. Engel, que ela tem como um novo pai. Ela encontra nele marcas de afeição que até a tia, pouco dada a demonstrações de ternura, não pode lhe prodigalizar. A reciprocidade da relação é confirmada; com efeito, o Sr. Engel "era na verdade uma criança grande, que não sabia resistir aos afagos de Valentine". Os peritos constatam que "Valentine tinha se tornado uma espécie de mediador entre a tia e o tio. Quando este fechava a cara, a tia mandava Valentine lhe fazer uns afagos para que ele voltasse a falar e a sorrir". As poucos, a proximidade corporal tornou-se maior e foi buscada até a tentativa de suicídio com a qual Valentine quis romper esse círculo vicioso.

Valentine viveu constantemente no desprezo de sua pessoa. Desde a infância, está excluída da linhagem familiar, tanto por sua mãe quanto pelos diferentes pais que nunca têm função estruturante; ao contrário. Os peritos de fato sublinham que "o lugar do pai sempre esteve vago ou ocupado por substitutos mentirosos". Assim, o processo identificador fica gravemente perturbado.

Declaração do Sr. Engel

O Sr. Engel, igualmente aliviado por essa relação incestuosa ter chegado ao fim, confessa sua total responsabilidade.

"De fato, meu comportamento para com ela nem sempre foi normal [...]. No entanto, tenho muita afeição por Valentine, pois gosto dela. Sempre estou perto dela e com ela; sempre tentei satisfazer seus desejos; é por isso que lhes asseguro que Valentine era feliz em nossa casa. Agora tomo consciência de que meu comportamento a seu respeito pôde traumatizá-la [...]. Não consigo explicar esse comportamento, considero Valentine como minha filha; entretanto, quando eu a acariciava, isso era feito sem vício, sem segundas intenções [...], mas é verdade que eu me sentia culpado por fazer tais carinhos".

Ele prossegue:

"No sofá, aconteceu de eu lhe beijar o ventre por baixo da roupa. Não considero esse beijo como um carinho sexual; para mim, era uma marca de afeição [...]. É normal que Valentine tenha podido interpretar esses carinhos como carinhos sexuais. Reconheço que [...] certas vezes fui muito longe com ela [...]; estou sempre atrás dela, abraço-a, colo-me nela. Minha mulher se deu conta desse comportamento. Eu esperava minha mulher estar numa outra peça do apartamento para apertar Valentine nos meus braços porque eu tinha a impressão de agir errado".

Ele conclui num desejo de se recuperar:

"Quero lhe pedir perdão e que volte a viver lá em casa. Não quero que ela vá para a DDASS*. De minha parte, vou me comportar melhor com ela no futuro".

Como este dossiê foi julgado no tribunal correcional onde o pedido de perícia não é sistemático, o Sr. Engel a esta não foi submetido.

Declaração da Sra. Engel

"Tenho uma atração particular por essa menina que veio quase que de imediato para a minha casa e que eu praticamente criei. Meu marido também se afeiçoou a essa menina que ele considera como filha.

Acho que Valentine é feliz conosco, pois fazemos praticamente todos os seus caprichos e creio que a amamos mais do que se fosse nossa própria filha, e meu marido ainda mais do que eu. Penso que Valentine nos retribui isso bem, pois ela se mostra muito afetuosa e talvez tenha até uma maior atração por meu marido do que por mim, pois ele faz praticamente tudo o que ela pede".

---

* Direção Departamental de Assuntos Sanitários e Sociais. Organismo que controla as instituições que acolhem menores. (NT)

A Sra. Engel não entende as razões da tentativa de suicídio da sobrinha. O fato de seu marido ter feito "gestos mal colocados" também a deixa num estado de estupor. Eis o que ela declara:

"Não consigo entender de modo algum essa atitude, nem que ela afirme tais coisas. Até agora, nada na atitude de meu marido deixa imaginar uma tal eventualidade. É verdade que eles eram próximos um do outro".

Inconscientemente ou não, a Sra. Engel faz de Valentine a instigadora dos gestos incestuosos.

"Digamos que ela tem uma maneira bem impudica de se comportar, mas isso é sem malícia, pois Valentine não é de natureza depravada; ela simplesmente tem uma maneira meio livre de se vestir, usando em geral uma roupa leve para andar dentro de casa".

A ambigüidade dos vínculos entre seu esposo e Valentine é ilustrada nas palavras que se seguem:

"Meu marido com freqüência teve de cuidar de Valentine e até de massagear-lhe as pernas ou as coxas quando ela se queixava de estar com as pernas pesadas, sem no entanto fazer isso por mal".

Após as confissões do marido, a Sra. Engel declara:

"Eu nunca teria pensado que o meu marido pudesse ficar tocando Valentine. Devo dizer que meu marido é muito afetuoso, Valentine também. Quanto a mim, sou mais distante; é por isso que meu marido encontrava em Valentine uma afeição que eu não lhe dava".

Ela encerra suas declarações com um pedido idêntico ao que foi feito pelo esposo e pela sobrinha:

"Tenho certeza de que Valentine quer ficar conosco. Pessoalmente, desejo manter a guarda de Valentine; quanto a meu esposo, depois de se acertar com a justiça, ele terá um comportamento diferente em relação à nossa sobrinha. De qualquer maneira, vou cuidar com muita atenção de seu comportamento".

Toda a família reprova a denúncia feita por Valentine. Todos teriam preferido que esse problema fosse resolvido privadamente.

Uma mãe afetiva ausente

Como vimos, a história de Valentine está marcada de segredos, mentiras e rupturas. Rejeitada pela mãe, Valentine sentiu-se excluída pelo nascimento de seu irmão: "Quando meu irmão chegou, acabou, ela gostava mais de meninos". A utilização do verbo "chegar" em vez de nascer sublinha as dificuldades de Valentine em conceber um nascimento como o resultado de um ato sexual entre um homem e uma mulher. Se preferem o irmão a ela, é porque sua mãe não vê nele o ressurgimento de seu erro, ao passo que Valentine é a encarnação dele.

O dilema de Valentine é: ser rejeitada ou ser desejada. A colocação sob tutela legal confirma uma fantasia de todo-poder nela: seria possível escolher os pais. Mas nem o tio nem a tia estão em condição de estabelecer limites às exigências pulsionais de Valentine: "Ele faz praticamente tudo para ela", constata a Sra. Engel. Assim, Valentine se engolfa cegamente numa relação supostamente capaz de preencher sua carência de afeição materna. Ora, o Sr. Engel não se apresenta sob os traços de um pai simbólico. Sua atitude infantil ("ele fechava a cara") nos leva a concluir por uma imaturidade psíquica. Valentine é conduzida a desempenhar o papel de uma boa mãe consoladora junto àquele que deveria representar o pai. Numa busca oral e fusional, o Sr. Engel e Valentine, em busca de uma boa mãe, quiseram preencher um com o outro a falta incomensurável que os habitava.

A lei do pai ausente

O Sr. Engel é um tio por aliança, um representante paterno ("eu a considero minha filha"), ou um amante? Ele não pode assumir o estatuto que, no entanto, a justiça lhe atribuiu ao lhe confiar Valentine. A incapacidade de se assimilar a um pai simbólico explica-se por um conflito edipiano sempre ativo e que não se resolveu pela formação de um supereu: "Eu tinha a impressão de agir mal" exprime a vergonha, no registro narcísico, não um sentimento de culpa. E, neste caso, de novo, o terceiro (sua mulher) separa por sua presença e não por sua ausência.

A Sra. Engel é bem apagada quando se trata de fazer respeitar o interdito do incesto. Embora constate uma relação "muito próxima" entre seu esposo e Valentine, em nenhum momento ela enquadra a circulação dos afetos em limites estruturantes. Quando a justiça intervém, a Sra. Engel de novo se apresenta como o supereu externo de seu esposo ao declarar: "Vou cuidar com muita atenção de seu comportamento". Ora, sabemos que a condição *sine qua non* para que um incesto não se (re)produza é a interiorização individual e familiar do interdito. Se uma mulher deve vigiar seu esposo, o perigo incestuoso permanece latente.

Como Valentine poderia ter respeitado e fazer respeitar o interdito do incesto, uma vez que todos os seus representantes, de uma maneira ou de outra, disso se esquivaram? Seu pai genético foi embora antes que ela nascesse. Valentine não tem esperança alguma de ser reconhecida por ele. Ela está afiliada até os quinze anos à mãe. O concubino desta decide repentinamente adotá-la. Valentine descobre a usurpação e a mentira relativa à sua filiação. Enfim, o Sr. Engel, com sua atitude incestuosa, contribui para lançar Valentine fora da ordem das gerações.

Um incesto inevitável

Valentine estava constantemente em busca de limites, embora tivesse o voto de transgredi-los. Ora, ela não encontra nenhum obstáculo a seus desejos. "Talvez ela tenha uma atração maior por meu marido, pois ele faz praticamente tudo o que ela quer".

Um primeiro ritual ritma as relações entre esses três personagens. O Sr. Engel fecha a cara, feito uma criança. Valentine, enviada pela tia, tem por missão fazê-lo sorrir e falar de novo, usando de alguns afagos. A Sra. Engel se refugia atrás de sua ausência de alma materna, delegando de bom grado essa função a Valentine. Todos aí encontram satisfação. A de Valentine é múltipla: cuidar da criança ferida ao se identificar com uma boa mãe imaginária; ao mesmo tempo ser essa criança ferida e consolada; apreciar um contato corporal ambíguo; e, enfim, ser autorizada a usurpar o lugar da tia. Quanto ao Sr. Engel, é evidente que ele sente prazer em instaurar essa encenação. Apreciando cada vez mais "os afagos" de Valentine, eles deslizam juntos por essa inclinação incestuosa que acabam de entreabrir.

O segundo ritual é o das "quatorze horas". A ausência da Sra. Engel é obrigatória. A similitude desse ritual está descrita nas palavras do Sr. Engel e de Valentine. Mas por que ela não evitava essa cena anunciada? Não podemos refutar o fato de que Valentine nela encontrava uma certa satisfação. Mas continua sendo difícil resolver entre uma demanda edipiana e uma demanda de oralidade. Valentine solicitava carícias afetivas, envolventes e maternantes. Mas o ato destruidor tomou o lugar da fala salvadora. Valentine confundiu amor materno, amor fusional e amor incestuoso. Aliás, o caráter ambíguo dos carinhos trocados não escapa às palavras do Sr. Engel: "Não considero esse beijo como um carinho sexual, para mim era uma marca de afeição". Afirmação contrabalançada por este sentimento: "Eu tinha a impressão de agir errado". Ambos tentaram afastar a carga erótica que se exprimia nesses carinhos. Mas, quando o caráter sexual da relação lhe é inegável, Valentine percebe a ameaça de um estupro latente. Ela então denuncia o incesto.

A ilusão de se tornar, enfim, um ser de desejo – perverso, decerto – animou Valentine durante um certo tempo.

O Sr. Engel, por sua vez, continuou sendo o "perverso polimorfo" fixado numa problemática edipiana. Sua tendência exibicionista é a da criança que deseja mostrar seu sexo, esperando excitar sua mãe e obter sua preferência; uma mãe cujo corpo excita as fantasias até o voyeurismo. Valentine desperta no Sr. Engel essa excitação pulsional de sua infância: "Eu não podia me controlar", diz ele.

A repetição do termo "colar-se" em seu discurso designa a dimensão fusional dessa relação. Tudo o que separa, tudo o que põe à distância do objeto de desejo – materno – é rejeitado com veemência. Assim, sua mulher não tarda em se tornar tão incômoda quanto os potenciais namoradinhos de Valentine. A violência desse movimento poderia se explicar por uma frustração primária tanto edipiana quanto oral? Com efeito, a Sra. Engel declara: "Meu marido encontrava em Valentine uma afeição que eu não lhe dava".

Difícil de delimitar, esse incesto ora aparece no registro edipiano, ora no registro oral. Uma mesma busca da mãe anima Valentine e o Sr. Engel. O incesto não resultaria simplesmente de uma falha materna, mas de um desejo de preenchê-la com um objeto (edipiano). Entretanto, sua necessidade desenfreada de amor conduz Valentine ao fechamento mortífero de um incesto consumado. Só uma tentativa de suicídio permitiu que ela se desprendesse desse homem. Aqui, ainda, o ato substitui a fala, ausente para separar os corpos.

Entretanto, o aspecto estruturante mas separador da lei não escapa a Valentine. Ela admite que o Sr. Engel seja acusado. Sua ambivalência, associada a uma angústia de separação, leva-a a declarar "que é preciso que ele saia". Além disso, sua dívida afetiva para com a tia reforça um sentimento de culpa: "Ela não me abandona. Nem a minha mãe fez tanto por mim". Todos exprimem um profundo desejo de reviver, graças à lei. "O interesse de Valentine é de ficar conosco [...] não quero que ela vá para a DDASS". Associar a instituição à imagem da criança órfã não é, por parte do Sr. Engel, projetar suas próprias angústias de abandono, ou de separação impossível de seus pais?

Família Fabre e o Sr. Frochon

Estupro padrasto-enteadas

S*r. Frochon*: nascido em 1946; origem iugoslava; sem diploma – escolarizado até os treze anos; sem profissão; violento.

Amandine: nascida em 1966; vítima aos nove anos, durante dez anos.

Élisabeth: nascida em 1969; vítima aos dezesseis anos, durante um ano (talvez mais).

Ingrid: nascida em 1971; vítima aos doze anos, durante quatro anos.

Sra. Fabre: nascida em 1945; porteira; três filhas.

Fatos: toques, estupro, ameaças de violência. Confissões parciais; acusa as filhas de provocação.

Denúncia: Ingrid revela os fatos a uma assistente social antes de dar queixa na delegacia.

A Sra. Fabre, separada de seu esposo, mas não divorciada, vive há doze anos em concubinato com o Sr. Frochon. Este abusou das três filhas vindas do casamento da Sra. Fabre. Amandine aceitou o incesto como um sacrifício; Élisabeth protegeu o padrasto a fim de impedir uma descompensação latente, ao passo que Ingrid tentou escapar-lhe várias vezes antes de revelar os fatos. Dois motivos mantinham o selo do silêncio: evitar que a violência exacerbada do Sr. Frochon se abatesse sobre a mãe, não perder real e psiquicamente uma mãe que distribuía seu amor com parcimônia.

Declaração de Ingrid

Ingrid, desde a idade de dois anos, partilha a existência do Sr. Frochon. Ela o considera seu único pai:

"Chamo-o de papai. Até eu ser importunada por meu pai, eu tinha estima por ele, pois ele se responsabilizara por nós, mas eu não gostava de sua atitude com a minha mãe; ele às vezes batia nela.

Uma manhã, vi meu pai chegar de cuecas; ele veio se deitar comigo na cama e, como não entendi o que estava acontecendo, não disse nada. Meu pai introduziu um de seus dedos no meu sexo; não senti dor e não sangrei. Ele não me ameaçou nem me bateu. Ele só me disse para não contar o que acontecera. Não gritei, pois estava com medo da reação da minha mãe, pois ela é muito nervosa [...] e para evitar os problemas na família. Eu não entendia o que estava acontecendo".

Posteriormente, Ingrid evita ficar a sós com o padrasto, entretanto não pode impedir o estupro:

"Ele me pediu para ir com ele a seu quarto. Recusei e ele me puxou pelos braços. Deitou-me na cama, abriu a braguilha e pôs o sexo para fora. Levantou minha camisola e abaixou a minha calcinha. Entendi o que ele queria fazer e fechei as coxas.

Meu pai ameaçou gritar pela casa inteira; isso queria dizer que haveria brigas com minha mãe. Como não quero isso, deixei ele fazer.

Se contei tudo, é porque queria que isso tudo parasse [...]; fiquei muito tempo sem dizer nada para evitar qualquer incidente em casa, mas eu não podia guardar mais todos esses segredos para mim sozinha".

Ingrid ignora que sua irmã mais velha, Amandine, também foi vítima de incesto, mas um dia surpreendeu Élisabeth e o padrasto: "Meu pai tinha o sexo exposto e Élisabeth botava-o na boca".

A falha materna torna-se evidente com estas declarações: "Se ela ainda quiser saber dele depois disso tudo, é que para ela não somos nada".

Resumo da perícia

As seqüelas psicológicas do traumatismo são múltiplas para Ingrid: acesso de angústia, tendência depressiva. Além disso, Ingrid busca dominar fortemente seus afetos e suas emoções. Entretanto, ela permanece numa filiação graça a seus avós, de quem por sorte ela foi a neta preferida.

Declaração de Amandine

O Sr. Frochon é acolhido na família Fabre como um pai. Porém ele bem rápido vai faltar a suas funções paternas: "Sou importunada por esse homem desde que sou bem pequena".

Amandine aos poucos aceita sacrificar-se em nome de sua família e sofrer atos cada vez mais violentos e freqüentes. A mãe permanece surda a suas alusões: "Não devo ter-me explicado corretamente, pois ela não acreditou". O ritmo dos atentados é imprevisível e incontrolável.

"Quando manifestei meu descontentamento mais forte que nas outras vezes, ameaçando-o de gritar se ele continuasse, aí ele se mostrou violento e me deu um tapa forte. Fiquei com medo e não disse nada. Desde que parei de trabalhar, quando ele tem desejo de mim, ele me agarra, me prende em seus braços e me leva à força para a sua cama. Ele se tornou muito possessivo e ciumento e me proibia de sair. Sou obrigada a inventar pretextos para conseguir sair de vez em quando. A esse respeito, devo dizer que, não agüentando mais, em novembro de 1987, tentei suicídio engolindo comprimidos [...]. Toda vez que ele bate em mim (ou ameaça matá-la, ela e a mãe), é sempre porque quero sair e ele recusa por ciúme.

A atmosfera estava se tornando irrespirável em casa. Estou contente que esse assunto estoure publicamente, pois agora vou ficar livre desse homem e minhas duas irmãs não serão mais importunadas".

Eis as confidências de Amandine sobre as relações de suas irmãs com o padrasto:

"Ingrid não parecia gostar muito dele; Élisabeth, ao contrário, era muito ligada a ele. Está sempre ao lado dele, pega-o pelo pescoço, beija-o com freqüência; mas nunca gestos equívocos [...]. Ela não vai dizer nada. Ela é muito próxima dele e gosta dele".

Resumo da perícia

Amandine guarda uma boa lembrança de seu pai genético. Separada dele bem como da mãe durante o divórcio, ela viveu seu período na instituição de um modo abandônico.

Desde que a doença a imobiliza junto a seu pai, seu apego à mãe se intensificou ao ponto de suscitar o ciúme de suas irmãs. Esse amor tem uma coloração fusional e homossexual. A imago materna se revela nociva e perigosa. Daí uma falha narcísica em Amandine. Discretamente, Amandine afunda no isolamento e no fechamento. O incesto duplicado de uma doença invalidante são apenas os sintomas de um conflito interno, trágico.

Declaração de Élisabeth

Élisabeth primeiro recusa revelar os fatos, tanto seu equilíbrio psíquico se encontra ameaçado:

"Meu pai nunca me importunou. Minha irmã diz que me viu chupando o sexo do meu pai. Isso não é verdade; não fiz nada disso com meu pai. É verdade que sou muito próxima de meu pai. É exato que, quando vemos televisão, deito na cama dos meus pais junto dele e que às vezes o pego pelo pescoço. Minhas irmãs nunca vão lá, não sei por quê, elas só têm que fazer igual a mim. Nada tenho a censurar a meu pai, de quem gosto muito".

Após o exame médico que revela seu defloramento, Élisabeth se vê forçada a confessar o incesto.

"Agora prefiro lhes contar tudo. É verdade que tive relações sexuais com o meu pai. Mas o que a Ingrid diz não é verdade, pois, sempre que eu tinha relações sexuais com meu pai, nós estávamos sós em casa, depois porque eu nunca chupei o sexo do meu pai.

A primeira vez e as vezes seguintes, eu não estava de acordo, mas eu me deixava levar. Eu não lhe disse nunca que não consentia e não me lembro de ter uma vez tido um comportamento que pudesse lhe fazer entender que eu era vítima de suas relações sexuais. Eu preferia guardar isso para mim. Essas relações sexuais decerto não eram para mim uma parte de prazer, mas eu as vivia ainda não muito mal. Com efeito, é porque meu pai era muito bom comigo, porque eu me sentia próxima dele, porque eu podia conversar com ele, ter confiança nele – coisa que não posso fazer direito com a minha mãe – que eu aceitava deitar com ele sem dizer nada.

Com efeito, sou mais próxima dele do que de minha mãe, a quem reprovo por deixar aparecer demais a preferência que ela tem por minha irmã mais velha. Ele era bom, gosto muito dele e o fato de ter deitado com ele não me tornava especialmente infeliz".

Algum tempo depois, Élisabeth se retrata: "Menti. Contesto integralmente os autos. Eu amo meu padrasto".

Resumo da perícia

Desde a origem, Élisabeth está traumatizada pela violência do Sr. Frochon. Quando este último bate na mulher, ela é tomada de angústia de morte e de despedaçamento, sentindo a necessidade frenética de ir verificar se sua mãe continua inteira. Ela pensava poder dominar essa violência destruidora entrando numa relação incestuosa. "Eu me sentia como se fosse protegida dele". Protegida dele e por ele, graças a um sistema pervertedor. Com efeito, Élisabeth, perdida na mentira amorosa, está persuadida de que ele a amava... e de que ela o amava.

Os resultados nos testes projetivos evidenciam reações psicopatológicas em face de toda situação de separação e de individuação. A imagem paterna, certamente assustadora demais, está ausente de seu discurso. A *imago* materna revela-se assustadora e imprecisa. Como Élisabeth se assemelha muito à avó, parece que a Sra. Fabre projetou nela a imagem negativa que guarda da própria mãe, com a agressividade que ela suscita. Élisabeth se sente rejeitada, sem valor aos olhos de sua mãe? O incesto lhe deu a ilusão da afeição. Sem essa relação com seu padrasto, ela é só e vazia: "Não tenho mais meu lugar na vida, então quero partir". Seu ato suicida é testemunha do vivido mortífero provocado pela separação. A saída psicótica parece provável.

Declaração do Sr. Frochon

Sem profissão, pois "não suporta os chefes", o Sr. Frochon vira as costas à vida social: "Ele é muito caseiro". É como "uma mulher do interior" que cuida exclusivamente do lar.

Ele se faz de vítima diante das declarações ultrajantes de suas enteadas:

"Todo esse assunto está montado para que eu deixe o domicílio, para se livrarem de mim. As filhas de minha companheira não gostam de mim porque eu não deixo elas fazerem o que bem entendem [...]. Amandine inventou essa história para se livrar de mim, porque eu a vigio um pouco e proíbo que ela saia com qualquer um e que volte tarde da noite. Mas, desde que Amandine rompeu com o namorado, as coisas vão melhor entre nós".

Ele tenta dirigir a investigação para o caráter fabulador de suas enteadas; Amandine "não é uma santa" e, aliás, não é a primeira vez que ela denuncia erradamente um homem (*sic*). Ele se apóia igualmente nas declarações de Élisabeth, que o desculpam. Mas, após ter clamado com ênfase sua inocência, ele se trai numa correspondência endereçada à mulher:

"Eu não queria que a Sra. Fabre ficasse a par da verdade. Eu finalmente lhe confessei quando estava no hospital".

Foi Amandine quem o teria forçado a sucumbir ao incesto:

"Tive relações sexuais com Amandine, a qual estava perfeitamente de acordo e foi ela quem me incitou a fazer isso ao vir ficar comigo no sofá e ao pretender que estava com frio, ficando junto de mim.

No mês de novembro, Amandine teve relações sexuais com um rapaz, não tivemos mais relações sexuais. Um mês ou dois depois, ela rompeu com ele e de novo buscou ter relações comigo. Eu não ousava, em razão da vergonha que sentia em relação à mãe dela, à qual eu continuava muito ligado, e Amandine se aproveitou disso para exercer contra mim uma espécie de pressão moral, ao me lembrar sem cessar que eu havia prometido amá-la e cuidar dela. Finalmente, fiquei acuado e aceitei ter relações sexuais com ela a seu pedido. Tive relações sexuais com Élisabeth e Ingrid no contexto dessa série de provocações sucessivas".

Resumo da perícia e da investigação social

O pai do Sr. Frochon, constantemente ausente, partiu uma primeira vez para a guerra quando o filho era pequeno. Seu efêmero retorno se conclui por uma fuga quando o menino descobre que "o próprio pai e a sua mulher são amantes". Em 1952, ele deixa a Iugoslávia, abandonando os dois filhos, e se refugia na França. Seu segundo casamento, pontuado de sete nascimentos, termina por uma separação sem ato de divórcio. De bigamia a concubinato, esse pai desertor acaba sua vida amorosa num casamento tardio com "uma mulher de sua idade". (Não sabemos se "sua" se refere à idade do Sr. Frochon ou à de seu pai).

O Sr. Frochon confessa: "Eu gostava mais do meu avô que do meu pai". À confusão de gerações se acrescenta a suspeita de uma relação adulterina incestuosa.

Em 1956, com dezoito anos então, o Sr. Frochon descobre o corpo inanimado de sua mãe que acabava de se suicidar por enforcamento. "Fiquei só, dói [...]. Morta assim, é horrível! Fiquei magoado com meu pai, uma vez que tinha uma ótima relação com ela".

Depois do falecimento de sua mãe, o Sr. Frochon vai encontrar seu pai. O desentendimento entre eles o faz voltar ao país. Sem amor, ele desposa uma mulher. Como o casamento vai por água abaixo, ele parte de novo para a Iugoslávia, depois se instala em definitivo na França. Através de uma investigação social, ele fica sabendo que sua mulher se divorciou dele.

O Sr. Frochon começou a trabalhar já na idade de doze anos. Sua instabilidade o leva a mudar perpetuamente de atividade. Sua incapacidade de aceitar a hierarquia e a autoridade lhe valeu vários motivos de demissão ou de demissões voluntárias. Suas dificuldades de adaptação às normas sociais são acentuadas por sua úlcera no estômago, que o leva a um isolamento em casa.

Seu pai nunca respeitou sua fala: nunca voltou, ao contrário do que havia prometido. Transgrediu a lei e as leis do casamento. Rejeitou o filho e o abandonou várias vezes. O Sr. Frochon não encontrou outra saída a não ser repetir a perversão paterna ao se fazer igualmente a vítima. A confusão dos sexos e de gerações culmina nessa fala: "Elas (coletivo feminino) quase que faziam parte de mim mesmo".

Enviscado numa "organização estado-limite", ele luta obstinadamente contra a angústia do abandono e da separação do objeto feminino.

Declaração da Sra. Fabre

A Sra. Fabre se apresenta como um substituto masculino:

"Sou eu quem faz viver a família, é ele quem cuida das crianças [...] e prepara a comida".

Certa manhã, ela descobre o Sr. Frochon deitado na cama, junto da filha Amandine (com sete/oito anos então). Depois de negar a evidência, ele confessa seus gestos impudicos:

"Ele só tinha praticado toques. É claro que eu fiquei furiosa e ameacei meu marido de deixá-lo e de levar junto as crianças se aquilo acontecesse de novo. A situação se acalmou; eu ficava [...] em vigília contínua e praticamente todos os dias interrogava a minha filha, mas tudo voltou ao normal [...]. Pensei que fora só um episódio infeliz e que não havia razão alguma para se inquietar".

Segundo ela, seu concubino tem tendência despótica, dirigindo a vida de cada uma, não suportando nenhuma forma de oposição:

"Ele não queria que eu deixasse a maior sair como se estivesse com ciúmes. Sempre encontrava um pretexto para dizer que os rapazes com quem ela queria sair não eram bons, ou outra desculpa, e, como eu tomava a defesa de minha filha, sempre acabava numa briga". Por outro lado: "Ele é bem chegado na coisa. Não é, entretanto, um depravado. O que não o impedia de apreciar filmes pornográficos, exigindo a presença das filhas. Élisabeth gostava daquilo e ele queria que as outras meninas vissem também, pois dizia que fazia parte da educação das meninas e que lhes serviria mais tarde. No início, eu reclamei muito contra o fato de ele pedir aquilo às meninas, mas parei rápido, pois teria acabado em briga. Quando ele pedia isso às meninas, elas obedeciam, mas eu via bem que elas faziam a contragosto e posso dizer que só Élisabeth parecia ter prazer naquilo".

Não há muito diálogo entre essa mãe e suas três filhas:

"Sou muito brava e minhas filhas têm medo de mim, o que pode explicar que elas hesitem em me contar tudo [...]. Só minha filha maior, Amandine, conta-me as coisas, as outras não dizem nada [...]. Desde que ficou moça, ela não me esconde nada de seus assuntos de sexualidade e tinha as regras regularmente, pois é uma coisa que vigio sempre enquanto mãe".

Depois da revelação do incesto, a comunicação é interrompida entre Élisabeth e ela.

O interdito, assim como a morte, provoca a angústia de perder o objeto. Para se esquivar desse conflito, o Sr. Frochon instaura um mundo imaginário, expulsando tudo o que lembraria o corte originário com o objeto materno. Ele se defende das acusações por projeção ou inversão: "Foi ela quem me incitou", ou então: "Aceitei ter relações sexuais com ela a seu pedido". Não existe nele nenhum sentimento de culpa. E, a supor que seja sua filha quem o tenha incitado ao incesto, ele deveria ter recusado e lembrado a ela o interdito. Enfim, como em outros casos que vimos, a ternura esconde a sedução sexual e a vergonha vem no lugar da culpa.

A Sra. Fabre não quer nem ver o incesto, nem ouvir falar dele, a fim de se proteger da violência do esposo.

Realidade e realidade psíquica estão indiferenciadas no vivido das três vítimas. Daí provavelmente a intensidade da angústia que sofrem e a necessidade de um silêncio protetor.

Quando uma mãe existe apenas por sua presença, a filha não pode construir identificação. As perícias sublinham a fixação das identificações num estádio fusional. A ausência materna não permitiu que as filhas se estruturassem, admitindo a separação. As carências afetivas bloquearam o desenvolvimento delas. Amandine vive uma situação de abandono quando a mãe se separa dela após o divórcio. Mas "ela não podia fazer de outro jeito". A agressividade deve ser contida e recalcada. Amandine é incapaz de atacar o objeto frustrante. Cada uma das três filhas, em busca de uma mãe ideal, renuncia a correr o risco de uma separação. Ingrid, a mais estruturada das três, encontra a força de denunciar o incesto, cujo aspecto mortífero não lhe escapa. No entanto, a fragilidade do vínculo de sua mãe com ela reforça seu sentimento de insegurança: "Se ela ainda quiser saber dele depois disso tudo, é que para ela não somos nada". A circulação dos afetos se resume a uma alternativa: amo (amam-me) ou não amo (não me amam). Não "ser amado" é a exclusão, o nada: "Não somos nada". O amor não se declina conforme os objetos, ele permanece associado a uma relação arcaica e, portanto, imatura.

Se Amandine opta pelo sacrifício e pelo incesto, é por um motivo vital. Trata-se não só de existir para o pai e, portanto, de aceitar um amor perverso, mas de existir através da mãe, ao mantê-la em vida. Não ser sujeito, mas objeto. Élisabeth acha no incesto um meio de preencher as carências afetivas de que sofre: "É porque meu pai era muito bom comigo... que eu aceitava deitar com ele". O Sr. Frochon é investido como substituto oral da mãe e não como objeto edipiano. O ato vem no lugar da fala. Élisabeth só tinha o silêncio ou a mentira à sua disposição para se proteger de uma descompensação. Tudo o que separa é assustador e remete à violência do Sr. Frochon para com sua mulher. A morte ronda incansavelmente a atividade psíquica de Élisabeth. O incesto é um meio de dominar essa angústia destruidora associada ao medo de ver sua mãe morrer. Não estaria aí o ressurgimento da fantasia arcaica de destruir o seio materno? A angústia patológica de ver o desejo se realizar encontraria sua confirmação na ausência da mãe, que faz dela uma mãe morta. Fantasia e realidade se entrelaçam para ela, favorecendo assim a eclosão de sintomas.

Amandine, Ingrid e Élisabeth se situam numa mesma problemática, mas em graus traumáticos diferentes. Graças à lei, entreabre-se a dolorosa via da separação.

O incesto aparece aqui como uma defesa na urgência, ao passo que a integridade corporal da vítima está ameaçada a um ponto tal que a morte parece marcar com ela um encontro. Mas, como vimos em outros casos, se ela se funde no desejo do abusador, é para conservar um vínculo, bem precário, com a mãe, manter o contato com o pouco de mãe real que existe. A falta materna é aqui a um só tempo física, psíquica e arcaica.

Este caso põe em evidência o paradoxo incestuoso: a vítima se engolfa numa relação mortífera a fim de se proteger de uma mãe morta e de um pai que ameaça de morte. A criança, por esse ato de sobrevivência, pensa resolver provisoriamente a organização alienante que lhe é proposta por seus pais. Por que preferir "maus pais" e não viver, antes, o luto do "bom pai"?

Família Gibson

Estupro padrasto-enteadas

Sr. Gibson: nascido em 1956; 1º grau completo + dois anos de estudos comerciais; vendedor de casas; violento.

Delphine: nascida em 1971; vítima aos oito anos, durante nove anos.

Christèle: nascida em 1970; vítima aos dez anos, uma vez.

Justine: nascida em 1973; vítima aos sete anos, durante seis anos.

Sra. Gibson: nascida em 1951; sem profissão; 2º grau completo; seis filhos de vários leitos.

Fatos: toques e estupro; ameaças de golpes; confessa os fatos, depois tenta minimizar sua responsabilidade.

Denúncia: as três filhas revelam os fatos à tia materna, que inicia o procedimento judiciário.

Para encerrar este capítulo dedicado aos estudos de casos, escolhemos expor a psicopatologia de uma família na qual se condensam e se acentuam os traços assinalados nos outros dossiês.

O Sr. Gibson casou-se com uma mulher mais velha que ele, já mãe de quatro filhas vindas de diversos amantes passageiros. Da união dos dois nasceram duas crianças cuidadosamente poupadas dos abusos incestuosos. O Sr. e a Sra. Gibson vão se divorciar após alguns anos de casamento, mas sem separação de corpos.

A Sra. Gibson foi inculpada – fato excepcional em tais casos – por sua negligência e sua recusa de intervir diante de abusos que ela não podia ignorar.

A mãe é, neste caso, o pivô da situação incestuosa, a tal ponto que o traumatismo sexual é relegado a segundo plano. Suas três filhas tentaram anular suas primeiras declarações a fim de recuperar o objeto de todas as suas esperanças e de todas as suas ilusões.

Declaração de Delphine

Sufocada pela prisão imposta pelo Sr. Gibson, por seu comportamento incestuoso e seu ciúme em relação a seus namorados, Delphine resolve dar queixa: "Venho aqui porque não suporto mais viver com meus pais".

Desde a chegada do Sr. Gibson ao seio da família, ela sentiu que esse homem tinha uma atração por ela: "Tomei consciência de que era anormal por volta de nove anos". Suas múltiplas tentativas de evitar a relação incestuosa são inúteis:

"Uma vez, eu lhe disse: 'Ainda não cansou? Você tem uma mulher para isso!'. Ele me respondeu que gostava de mim tanto quanto de mamãe. Eu lhe disse: 'Pois eu odeio você, não sou sua mulher, você não pode pôr a mão em mim'. Minha mãe se recusa a acreditar em nós, ou melhor, diz que somos nós que provocamos Dimitri e que está acontecendo por culpa nossa".

Essa réplica da mãe, visivelmente indiferente ao problema incestuoso, faz Delphine concluir: "Ela dá mais importância a ele que a nós". Depois da inculpação dos pais, que provoca a explosão familiar, Delphine volta atrás no que disse antes: "Muitas declarações feitas contra o meu padrasto e a minha mãe são falsas [...]. É verdade que ele me tocou, mas, quando ele foi preso, o meu ódio era tão grande que eu disse que ele tinha me estuprado [...]. Meu padrasto não me estuprou. E, apesar de tudo, é um bom pai [...], tive bons momentos com ele e agora sinto falta".

Ela também desculpa a mãe:

"Eu tinha que acusá-la, pois ela não tentava entender".

É, pois, em razão da solidão em que se encontra que volta atrás no que disse, acrescentando:

"Não sou feliz e, na verdade, preciso de todos para ter de novo confiança e esquecer os maus momentos".

Resumo da perícia

Delphine é uma criança "sem pai"; seu genitor as abandonou quando a mãe estava grávida. O Sr. Gibson, em razão de sua imaturidade afetiva e pela transgressão incestuosa, nunca representou o papel de um pai simbólico. A mãe de Delphine tem ódio da filha. No entanto, Delphine só fala de uma boa mãe: "Amo-a apaixonadamente; é amor, e eu não quero ficar sem ela". Numa busca fusional, ela se compraz em imitar o comportamento e o discurso de sua mãe. Ela é seu duplo, como se o corte com sua genitora não se tivesse efetuado. Delphine se situa fora das gerações e fora da diferença dos sexos.

Declaração de Justine

Os vínculos que Justine teceu com o Sr. Gibson foram se modificando ao longo do tempo.

"No início (antes do incesto), eu o considerava como meu pai, mas atualmente não suporto mais viver com ele".

A mãe é tão violenta quanto Dimitri a seu respeito, e a rejeita, não a tendo desejado:

"Minha mãe, toda vez que lhe falamos do assunto, disse que era culpa nossa, que nós é que o excitávamos [...]. Acho que a minha mãe está perfeitamente a par da situação, mas que ela gosta mais de Dimitri do que de nós".

Da mesma forma que Delphine, Justine vai voltar atrás no que disse, desejando até retirar a queixa:

"Não é só o papai que é punido, mas nós todos. Quando a polícia me interrogou, eu fiquei com medo deles; então, eu disse sim a tudo o que eles me perguntavam sobre a mamãe e não é verdade. A minha mãe sempre agiu corretamente conosco e gosto dela mais do que tudo no mundo. Prefiro que a minha tia não fale mais comigo do que não estar mais com a minha mãe [...]. Acho que não é a boa solução nós ficarmos todos separados. Ainda que o meu padrasto tenha me tocado, foi há muito tempo (haveria prescrição), mas ele só fez isso uma vez e depois nunca mais recomeçou e eu o perdôo, pois é meu pai, e eu gosto dele e sei que ele também gosta de mim".

Resumo da perícia

Justine foi entregue a uma instituição na idade de sete anos; ela guarda uma ótima lembrança desse período de sua vida. Ela se situa mal nas gerações e sua estruturação está fragilizada. Seu desejo de obter o amor de sua mãe a leva a tornar-se "adorável" aos olhos desta. A identificação fusional permanece seu modo de organização principal. A problemática oral domina sua vida cotidiana: Justine deseja trabalhar em cozinha; depois que chegou à instituição, já ganhou quatorze quilos.

Declaração de Christèle

Christèle nos alerta sobre a recusa de sua mãe de admitir a evidência dos abusos sexuais perpetrados debaixo de seu teto. Quando preveniram a tia, a Sra. Gibson, informada, reuniu as filhas e o esposo: "Ela nos perguntou se o que tínhamos contado à irmã dela era verdade; como Dimitri estava presente, ficamos com medo e dissemos a mamãe que não era verdade. Minha mãe me bateu. Dimitri começou a chorar, dizendo que não tinha feito aquilo".

Algum tempo depois, Justine reitera suas declarações, desta vez apoiadas em provas irrefutáveis; ela fracassa mais uma vez:

"Delphine e Justine tinham me mostrado marcas suspeitas nos lençóis. Minha mãe não podia deixar de ver aquelas manchas, é por isso que ela não pode ignorar o que está acontecendo".

Depois, em coro, com as irmãs, Christèle nega suas declarações: "Minha mãe não tem nada a ver com isso, e não há razão alguma para sofrermos as conseqüências dos outros pela separação, que é dura demais para mim [...]; não vejo a necessidade de prolongar essa separação".

Resumo da perícia

Christèle foi entregue a uma ama desde os três anos de idade; ela não conhece seu pai. Ela se diz linfática, como sua mãe; não tem nenhum centro de interesse, nenhum diploma e nenhum trabalho. Ela se situa mal nas gerações. Suas raízes, seu único pólo de identificação continua sendo a mãe. Mas a identificação permanece fusional, mimética. Christèle não chegou até uma identidade sexuada. Aliás, ela concebe mal um futuro de casal, embora se imagine com seis filhos, a exemplo de sua mãe.

Declaração do Sr. Gibson

O Sr. Gibson revelou-se violento com a esposa, o que, aliás, valeu a esta uma hospitalização.

Ele consente em assumir a responsabilidade pelo incesto; no entanto, continua preocupado com seu futuro: "Não quero que a minha vida seja estragada por esses atos".

Eis suas declarações sobre Delphine e Justine:

"Assim que me casei, senti uma atração sexual por Delphine. A menina tinha só sete anos na época, mas me excitava [...]. Eu queria ela. Certa manhã, seu pai devia estar lhe faltando, ela (Justine) veio deitar-se comigo. Eu estava nu na cama. Ela estava só com a camisola. O fato de ela se roçar em mim me excitou".

O Sr. Gibson garante ter tentado informar sua esposa; no entanto, esta teria usado da "política da avestruz". Ele pode cometer o incesto impunemente, como sublinha Delphine: "Minha mãe o apoiava e ele se sentia tranqüilo".

A fim de inocentar sua mulher inculpada, o Sr. Gibson se protege atrás de dois argumentos:

"Minha mulher não tem nada a ver com isso; se ela não reagiu, foi porque eu a impedi, ameaçando bater nela. Minhas filhas precisam da mãe e ela tem que ficar com elas, apesar de tudo o que pôde ser dito nesse caso [...], sempre subsiste entre a minha mulher, as filhas e mim, amor, e é isso o mais importante".

Da mesma forma, ele encontra para si circunstâncias atenuantes:

"Atribuo meu desequilíbrio sexual a fatos que aconteceram na minha juventude. Eu devia ter cinco ou seis anos quando o meu tio começou a me importunar. No início, ele ficava me tocando. Isso evoluiu para felações recíprocas, quando eu tinha oito anos, e isto até os quatorze. No início, eu não estava de acordo com esses gestos".

Resumo da perícia

O Sr. Gibson é visto como um bom trabalhador; no entanto, nada do que é social atinge seu universo egocêntrico. Seu pai é descrito como apagado. O Sr. Gibson, aos dezessete anos, teve de sucedê-lo, pois ele estava doente. A Sra. Gibson considera seu filho "o mais afetuoso de todos os filhos". Ele nunca liquidou seu desejo de volta ao ventre materno. Desde a infância, fica colado na mãe. "Ele ficava dilacerado" todos os dias, obrigado a se afastar da mãe para ir à escola. Depois deixou a mãe pela mulher, esta última substituto da primeira. Ambas são, aliás, mães de quatro filhos, "cheias de vida e meridionais".

Os peritos assim resumem a problemática do Sr. Gibson: "Ele encontra, assim, em sua mulher-mãe, uma situação que convém à sua tendência a se agarrar desde a infância numa posição incestuosa [...]. Ao casar-se com sua mulher, ele se funde na massa indistinta de um grupo feminino. Não gosta de nenhuma de início e, aí se fundindo, ama todas [...]. Ele encontrou na mulher-mãe, cúmplice ao menos passiva, uma situação incestuosa na qual ela também tinha domínio". Foi o que colou um ao outro e que reduziu o divórcio a nada: "Não podíamos ficar um sem o outro". É representar aqui a cena do impossível corte. A força incestuosa foi mais forte que a decisão legal.

Declaração da Sra. Gibson

A Sra. Gibson é mãe de seis filhos, sendo que os quatro primeiros são de pais amantes passageiros. Sua negação diante do incesto lhe valeu vários motivos de acusação. Os múltiplos blefes a que ela recorre para se esquivar das evidências sublinham a complexidade das posições dessa mulher, ora vítima, ora culpada, ora manipuladora, ora submergida. Durante os diversos interrogatórios, ela se contradiz nas respostas de maneira espantosa:

"Ele reconheceu várias vezes os toques. Eu tinha decidido deixá-lo, depois refleti: ia ficar sozinha com seis crianças; estava sem trabalho e não tinha renda alguma; então, fiquei com ele".

Depois, ela se esconde atrás do medo que o esposo lhe inspira: "Ele me disse que, se eu desse queixa, ele me mataria com as meninas".

Para se defender, ela declara sucessivamente, talvez realmente submergida:

"Elas (suas filhas) inventaram". Em seguida: "Acreditei em minhas filhas, mas eu achava que eram só toques". Ou ainda: "Eu tinha dúvidas [...], não insisti [...], eu tinha medo de que ele me batesse". Último argumento: "Várias vezes, tive de dizer a minhas filhas mais velhas para terem cuidado para não provocar Dimitri, pois elas tinham um comportamento muito livre". Compreendemos que suas filhas tenham percebido o desejo da mãe de proteger o abusador em detrimento delas.

Assim como o esposo, a Sra. Gibson evoca um vivido incestuoso em sua infância: "Devo lhes dizer que quase fui estuprada por meu tio, que me tocava, e isto durante anos. Eu não pensava que uma coisa assim poderia acontecer com as minhas filhas, que a história poderia recomeçar como para mim".

No que diz respeito às suas relações com o esposo, ela explica: "Não foi fácil, pois a gente não se amava; a gente se perguntava o que fazíamos juntos". No entanto, casaram-se. Depois "o amor veio". A imaturidade do Sr. Gibson não lhe havia escapado, pois ele não podia esconder sua dependência em relação à sua mãe. Todavia, sua violência marcava a vida do casal: "Dimitri costumava bater nas meninas; foi por isso que eu me divorciei, mas ele não quis sair de casa; como eu não tinha recursos, eu não queria ir embora".

Resumo da perícia

A Sra. Gibson é vista como perversa e manipuladora, tanto com seu meio social quanto no seio de sua família. Como a mãe, ela se divorcia e se casa novamente, quase compulsivamente. Seu pai genético morreu quando ela tinha dois anos. Ora, só vinte anos mais tarde – depois de ter sido criada por outro homem – é que ela fica sabendo que seu genitor não é aquele que ela imaginava. Ela teria sido concebida durante uma aventura. Por outro lado, seu pai simbólico teve freqüentemente problemas com a justiça.

Privada de um pai capaz de assumir sua função simbólica, ela tampouco foi criada pela mãe, que não cessou de rejeitá-la desde o nascimento. "Sou uma filha que ela não quis", conclui ela. Sua filha, Christèle, viverá a mesma sorte. A Sra. Gibson foi constantemente excluída de qualquer filiação. Com suas filhas, "a história se repete".

O impossível acesso à lei

A vida familiar dos Gibson se desenrola num espaço fechado onde cada um se dilui infatigavelmente no outro. Nenhum corte simbólico distingue os lugares de uns e outros. A falha dos pais toma a forma da inadaptação social. Assim, os serviços sociais tiveram que intervir várias vezes, agindo como tutela transitória. Se a justiça foi periodicamente interpelada, em nenhum momento ela trouxe uma reorganização do sistema patológico.

Entretanto, uma constante se depreende: um procedimento judiciário é iniciado quando as angústias de morte se tornam insuperáveis. A lei quebra essa tensão interna e insufla vida. Infelizmente, por pouco tempo. Passa a ser urgente, então, tornar a lei obsoleta a fim de reconstituir o antigo sistema, patológico decerto, mas tranqüilizante. O divórcio do Sr. e da Sra. Gibson é disso o próprio exemplo, já que nenhuma separação de corpos nem de bens se seguiu: "A gente não podia ficar um sem o outro". Diante da individuação impossível, a lei aparece como um terceiro separador cujo valor simbólico deve ser anulado ou apagado. O impossível acesso à lei, isto é, à integração das normas e interditos, faz eco à incapacidade de admitir a separação. Uma intensa angústia de separação, equivalente a uma angústia de morte, solda a família de modo que, paradoxalmente, a lei é percebida *a posteriori* como mortífera. Um se descola do outro para melhor se colar de novo nele.

O pedido endereçado à justiça visava, de fato, romper um sistema mortífero. Ora, diante da gravidade das acusações e dos atos, a engrenagem judiciária conduz à inculpação do Sr. e da Sra. Gibson e à colocação em instituição de seus filhos. A fragmentação da família provoca uma descompensação coletiva e um acesso agudo de angústia e sofrimento. "Prefiro não falar mais com a minha tia (na origem da denúncia)... pois acho que não é a boa solução nós ficarmos todos separados". A lei não é a solução; a separação tampouco. Retomando o mecanismo repetitivo que visa tornar caduca a intervenção judiciária, de comum acordo, cada uma das vítimas anula suas primeiras declarações. Assim, Delphine declara: "Muitas declarações feitas contra meu padrasto e minha mãe são falsas". A mentira – assim como o silêncio e o segredo – visa proteger-se de um ressurgimento da separação primeira do objeto materno.

Se o interdito do incesto não rege o funcionamento familiar, ele é, no entanto, conhecido. As vítimas o significam: "Você tem uma mulher para isso!", lança Delphine ao padrasto.

A Sra. Gibson conhecia os atos criminosos de seu marido, mas não pôde em momento algum lhe significar o interdito. As filhas é que deviam evitar provocá-lo (*sic*). Por sua negação, ela se torna cúmplice do crime incestuoso. Se, aos olhos da justiça, a Sra. Gibson é declarada culpada por não ter lembrado o interdito, de um ponto de vista psicológico sua atitude é muito mais difícil de ser entendida. Com efeito, sua incapacidade psíquica de ser autônoma levou-a a aceitar as regras instauradas por seu esposo. A dependência anaclítica que a ligava a esse homem não podia suportar nenhum risco de separação. Além disso, ela se casara com um homem que não só sofria de uma patologia similar à sua em vários pontos, mas lembrava a ela os homens de sua infância, dos quais nenhum havia assumido o papel de pai simbólico.

Como, por outro lado, explicar o silêncio da Sra. Gibson sobre sua própria experiência do incesto em sua infância? A vítima, como dissemos, se vive como um objeto manipulado e manipulável por um ser "poderoso", cujo domínio parecer forçar a agredida a escolher ulteriormente um homem tal como ele. Foi o caso para a Sra. Gibson. A negação da realidade do incesto de que suas filhas são vítimas não é, nela, o efeito de uma sideração paralisante mais que uma atitude perversa? O traumatismo original continua sendo também persistente. Ao ficar sabendo do incesto de suas filhas, ela revive sua história, selada por sua infância.

O Sr. Gibson nunca foi marcado pela lei e, por conseguinte, nunca assumiu uma função paterna. Logo de saída, ele se instala num lugar incestuoso longamente cobiçado desde a infância. Casa-se com uma mulher que lhe lembra sua mãe e mantém todas as confusões: mulher-mãe-filha. Desde a infância, ele recusa a separação, optando por uma fixação incestuosa reforçada pela ausência do pai "apagado". Superexcitado pelo objeto materno, o Sr. Gibson o é igualmente por suas enteadas: "O fato de ela roçar em mim me excitou". Ele projeta seu desejo arcaico sobre suas filhas ao lhes imputar uma demanda em relação a ele. A confusão dos afetos, dos desejos e das gerações reina em sua organização psíquica. O caos é permanente: "Sempre subsiste entre minha mulher, as crianças e mim, amor, e isso é o mais importante".

Para concluir, parece-nos que o Sr. Gibson se "aproveita" de sua posição de vítima para "autorizar-se", ele também, a transgredir os interditos a fim de satisfazer suas pulsões.

Este dossiê põe em evidência o vínculo entre a rejeição da lei (do interdito do incesto) e a recusa de toda separação. Este dossiê põe em evidência esse duplo movimento coexistente. A justiça se revelou inoperante para romper o vínculo fusional familiar. Delphine declara "sinto falta dele" e "preciso de todos" para sobreviver, diluída numa placenta familiar, espaço não diferenciado. Justine está convencida de que "não é uma boa solução a gente ficar separado". O emprego de "a gente" designa uma osmose, expulsando todo entrave à sua soberania.

O ato e o traumatismo incestuoso são relegados ao segundo plano do vivido afetivo. Com efeito, a angústia de separação submerge cada um dos protagonistas. A ausência física dos pais e, principalmente, da Sra. Gibson, é vivida como morte do objeto materno. Nenhuma interiorização nem simbolização da ausência foi elaborada. Aliás, é o que revelam as perícias ao encararem a relação mãe-filha sob modo adesivo. A descompensação ameaça. Justine denuncia a injustiça de uma lei separadora: "Não é só o papai que é punido, mas nós todos".

Os pais, como vimos, também estão enviscados numa relação fusional. Nos pais e nas crianças, uma problemática similar se desenha: uma mãe frustrante demais favorece uma fixação oral que entrava as possibilidades de individuação.

A mãe, que aparece primeiramente como mau objeto – "Era preciso que eu a acusasse, pois ela não tentava me entender; minha mãe é tão violenta quanto Dimitri; minha mãe me bateu" –, se metamorfoseia em seguida em mãe ausente-bom objeto: "Gosto mais dela que tudo no mundo"; "gosto dela apaixonadamente, é amor e não quero mais ficar sem isso". A idealização é proporcional às carências de que ela é o "tapa-buraco". Ela deve evitar, colmatar a depressão, a ferida narcísica. A agressividade destruidora para com o objeto materno é contida e recalcada. O objeto é clivado, a organização é arcaica, mas protege dos excessos de violência (da mãe e da criança). A fusão, em que dominam a identificação e a imitação, torna a interiorização do objeto impossível ou insatisfatória. Ausente demais psiquicamente, a mãe deve estar constantemente presente fisicamente, pois a falta é insuperável desde sempre.

Quarta parte

Histórias e origens

A organização incestuosa

A necessária endogamia

Se o caos reina na família incestuosa, é porque não ocorreu nenhum reconhecimento do outro em sua função e em sua diferença. Mãe, pai, filha são apenas palavras sem significação, vazias de sentido. Nenhuma identidade singular se depreende, nenhum envelope corporal se desenha. Ninguém tem lugar, não há lugar para ninguém e ninguém está em seu lugar. O sistema incestuoso funciona em torno desse lugar vago – principalmente o da mãe – sempre à espera de ser ocupado, e por quem quer que seja – exceto um membro da família. A lei não articula as relações intrafamiliares. O outro é um objeto parcial, não pode ser investido como sujeito sexuado, inscrito na ordem das gerações. Paradoxalmente, a vítima só existe obturando o vazio materno e a angústia que ele suscita no abusador. Para além da psicopatologia do abusador, o incesto mostra que a organização familiar incestuosa – totêmica, dual ou fusional – visa restringir o máximo possível a alteridade, fonte de angústias de separação. A endogamia funda o sistema incestuoso. O isolamento ou o protecionismo familiar limita as trocas com a sociedade e, por conseguinte, a adaptação a seus ritos e leis. O corte entre o mundo exterior e o mundo familiar torna-se cada vez mais nítido. O outro assume os traços do estranho, do desconhecido e desperta uma angústia arcaica. Inversamente, o universo familiar tranqüiliza, porque cada um se reconhece no outro como num espelho.

Se os limites entre o núcleo familiar e a sociedade são muito marcados, eles faltam cruelmente entre cada um dos membros da família. A blindagem familiar se assemelha às barreiras que o psicótico levanta para se premunir contra a confusão experimentada em sua relação com o outro. Mas, se o psicótico (compensado) luta para não se sentir diluído no outro, os protagonistas da família incestuosa buscam, ao contrário, escapar à diferenciação e tendem, portanto, à fusão. Assim, o que faz limite não é si em relação a si, nem si em relação a qualquer outro, mas o envelope familiar em relação à sociedade.

A denúncia aos tribunais faz surgir, de maneira violenta, angústias de despedaçamento até então contidas. A organização incestuosa visava apenas prevenir sua emergência. Definitivamente, cada um se vê confrontado com os efeitos da separação física imposta pela intervenção da lei penal. Essa separação é, por sua vez, vivida como violência, fazendo ressurgir o vivido arcaico de uma mãe ausente e morta aos olhos da criança. A organização incestuosa contrabalança, pela especularidade, um distúrbio do narcisismo da época do estádio do espelho: no olhar de sua mãe, a criança não viu sua imagem, ou não percebeu uma imagem suficientemente boa. Esse reflexo negativo de seu ser diferencia esse tipo de psicopatologia da psicose, na qual a criança se afoga no vazio infinito do olhar materno. Por um efeito perverso e alienante, a experiência especular provoca uma busca perpétua do olhar do outro para ser reconhecido como indivíduo suficientemente bom. É nesses termos que interpretamos a submissão da vítima e de sua mãe aos desejos do abusador. A sobrevivência deles passa por essa dependência.

A infelicidade de um incesto que atinge uma vítima engendra a idéia de uma sucessão de maldições: mães e filhas permanecem convencidas dessa fatalidade e suportam a organização incestuosa como um mal menor.

Como vimos, a mãe das protagonistas do incesto lhes fez viver, na infância, uma experiência de destruição do objeto materno. Sua violência teria agido de modo ativo e precoce demais, bem antes que o bebê se tornasse ativo (pudesse agredir o objeto). Ele não teria experimentado o bastante a ilusão constitutiva do narcisismo primário para poder viver em seguida a desilusão provocada pela experiência "do encontrado".

Nesses casos, não é, pois, o apego que faz vínculo, mas o abandono. A ausência de vínculo cria, paradoxalmente, o único vínculo: o vínculo de abandono. A psicopatologia de cada um dos membros da família incestuosa engendra uma "filiação vazia[1]". Com efeito, a história das vítimas, como sublinhamos, é uma seqüência de rupturas, abandonos, divórcios, separações; ela repete a história dos pais e talvez até a das gerações anteriores.

Nossa análise dos dossiês evidenciou três perfis de abusadores: em relação ao resto da família, situam-se ou como uma criança suplementar, ou como um salvador, ou como todo-poderoso.

Cada um está confrontado com a impossibilidade de ser pai. Pierre Legendre sustenta que "não há questão do pai, há a questão do pai e do filho[2]". Se nenhum abusador incestuoso pode assumir a função de pai simbólico, é porque ele mesmo não foi inscrito numa posição de filho ou porque o pai faltou.

Fiorentino alega o fato de que "o personagem paterno é longínquo, inacessível e perigoso porque como toda certeza vivido como castrador[3]". Em outra perspectiva, um autor faz a seguinte observação: "Considerando o nível sociocultural da fratria e das dificuldades materiais encontradas, os pais têm muito pouco tempo para dedicar aos filhos e tiveram uma tendência a fazer com que deixassem rapidamente a escola para colocá-los no trabalho a fim de trazerem o mais cedo possível sua contribuição para as despesas do lar[4]". Muito precocemente inserido no mundo do trabalho, trancado rápido demais num papel financeiro, o sujeito sofre cruelmente da ausência de afeição parental. O único pólo de identificação estável desses homens/crianças se situa na atividade profissional. Como seu pai, que tinha por única função alimentar o lar, o abusador incestuoso assume essa posição, em suma, tranqüilizante. A paternidade, o vínculo pai-criança – e sobretudo pai-filha – não os remetem a nenhuma lem-

---

1 Para retomar a expressão de Julien Bigras: "o incesto vazio", sublinhando a ausência materna como estando na origem da problemática da falta nas vítimas de incesto, in J. Bigras, *La Folie en face*, Paris, Robert Laffont, 1986.

2 P. Fiorentino, *Le Dossier occidental de la parenté*, Paris, Fayard, 1988, p. 68.

3 P. Fiorentino, *Le Père incestueux*, Thèse de doctorat de psychologie, Université Paris VII, 1971, p. 205.

4 A. Ioualalen, *Contribution à l'étude de l'inceste à propos de 25 cas*, Thèse de doctorat de médecine, Marseille, 1980, p. 110.

brança, a nenhuma referência identificadora. A incapacidade que têm de exprimir os sentimentos pela fala é testemunha disso. O ato vem no lugar do que nunca pôde ser simbolizado. O verbo amar só se conjuga no ato (erotização do contato corporal), já que em nenhum momento ele foi experimentado na e pela fala.

O trajeto da menina passa primeiro pela relação pré-edipiana com a mãe antes de se orientar para uma relação edipiana com o pai. No cerne dos vínculos que se tecem entre pais e filhos coloca-se a questão da sedução. O limite entre uma ligação incestuosa e um olhar que repara um narcisismo ferido permanece dos mais flutuantes. Segundo o esquema clássico, a menina busca no amor edipiano, em seu pai, reparação e compensação de frustrações que vêm da mãe.

O espaço entre sedução e reparação se reduz se interpretarmos o ato incestuoso como efeito de uma carência materna. Ainda que o desejo incestuoso nasça certamente no espaço edipiano, ele sempre remete ao vínculo primário mãe-criança. Assim, a passividade, ou esse masoquismo feminino de que fala Freud em seu artigo "Espanca-se uma criança", remete, para além do pai, à passividade originária diante da sedução materna. "A passividade remete de cena em cena ao desamparo primordial, aos cuidados maternos[5]". Entre as vítimas de incesto, essa passividade é antes testemunha de um ato de sideração do eu [*moi*] diante do abusador, do entrechoque entre um desejo que não desejava se realizar e uma realidade que se choca com o desejo de ser seduzida. Há "confusão de línguas" não só entre a criança e o adulto, mas igualmente entre desejo e não-desejo da vítima. Suspender o paradoxo que deixa louco conduz a abusada a não se viver mais como ser de desejo.

Para os psicanalistas, o desejo edipiano é a busca ativa – mas na passividade – de um incesto real ou imaginário. O perverso, por sua vez, se nutre dos desejos talvez insuficientemente recalcados de suas presas. O ato incestuoso faria coincidir essas duas problemáticas? Ora, o ato aniquila o desejo. Então, por que há repetição dos abusos? O incesto tem,

---

[5] C. Chabert, "Deux ou trois contes que je sais d'elles... Réalité et fantasmes de séduction à l'adolescence", in *Revue française de psychanalyse*, tome 51, nº 3, 1987, p. 987.

afinal, um vínculo com um desejo de morte? Ou ainda: o desejo pode ser entendido sem uma articulação com a lei e sem um vínculo com o outro? Seguramente não.

A problemática do desejo nessas famílias se coloca com a questão do desejo de criança. Uma vítima de incesto costuma nascer "por acidente" e, sobretudo, na ausência de um projeto parental. A criança simboliza o erro original e só pode ser tratada como mau objeto. Enquanto a mãe dá livre curso a uma violência que visa reduzir a alteridade, mas passivamente, o abusador exprime em ato, ativamente, o desejo materno recalcado. A vítima se vê "excluída do universo familiar por um consenso tácito: todo refúgio, paterno ou materno, daqui por diante está proibido para ela. Sua personalidade lhe foi arrancada, ela própria não pode mais sê-la[6] ".

A filha torna-se sua própria mãe, ou, melhor dizendo, mãe de sua mãe. E isso não se inscreve de modo algum num desejo edipiano, mas, bem antes, numa cena primária de auto-engendramento. O abuso incestuoso mata de fato o ser feminino. Certas vítimas se cortam de sua feminilidade, a maior parte delas não suporta mais ser olhada como mulher. A mulher se associa à sujeira, a esse sexo enxovalhado e, portanto, indesejável, até mesmo incômodo. Portanto, não é por acaso que uma porcentagem significativa de abusadas mergulha na prostituição. Compulsivamente, a sujeira se repete, já que o corpo delas traz essa marca. Em contrapartida, a prostituição prolonga e repete a relação sadomasoquista que se instalou durante um incesto. Julien Bigras formula isso com clareza: "Essas moças se fixaram, se colaram, se soldaram ao pai no dia mesmo em que este as estuprou pela primeira vez. Um casal sadomasoquista de notável precisão, de uma tenacidade a toda prova, de imediato se instaurava e a jovem ia se submeter totalmente, de corpo e alma, às demandas sexuais, sádicas e outras, do parceiro paterno, e a qualquer preço, inclusive o de sua vida[7] ". E o subtí-

---

6 P. Bigourdan, *Viol à domicile. La loi du silence*, Neuchâtel, Delachaux et Niestlé, 1989, p. 109.

7 J. Bigras, "À propos de ces adorables jeunes filles incestueuses et perverses; un rendez-vous avec la mort", in *Revue française de psychanalyse*, tome 47, nº 1, janv.-fév. 1983, p. 433.

tulo de seu artigo, "um encontro com a morte", sublinha a dimensão trágica dessa repetição.

A passividade das abusadas se associa à dependência. Para além da dependência criada pelo vínculo incestuoso, não se deve incriminar a sedução materna originária tal como a encara a psicanálise? Essa sedução precoce (violência e agressão corporal) assumiria *a posteriori* uma função "propiciatória" ao atentado incestuoso. Por conseguinte, "o agressor sexual encontrará sua tarefa favorecida pela falta de "defesas externas e internas" que o pai não tiver trazido à criança ou não tiver permitido que ela construísse para si[8]". O sistema de pára-excitações faltou. Quando os carinhos maternos não envolvem o bastante o eu [*moi*] da criança, esta última se vê com uma "pele de asno", um eu-pele furado.

Como vimos, a ausência caracteriza as mães das vítimas. Elas estão ausentes como mãe, esposa, ausentes na fala e na lei, e silenciosas quanto ao que desejam. Essa defecção torna impossível uma verdadeira triangulação na família.

Muitos autores associam essa ausência materna a uma cumplicidade tácita, a um "deixar-rolar", até mesmo a um convite ao incesto. "Teleguiando" o pai e a filha ao empurrá-los para o mesmo leito, a responsabilidade delas na passagem ao ato está em causa. Às vezes lhes são emprestados os traços da perversão, já que elas não reconhecem ao pai a função simbólica, desqualificam-no e não intervêm nitidamente quando o incesto é descoberto. De nossa parte, pensamos que mais se trata aqui de submissão do que de perversão. O abusador as aterroriza e, a fim de lutar contra angústias de morte, elas se protegem da urgência recorrendo à passividade.

A infância que tiveram foi, como a dos abusadores, pontuada de rupturas e de rejeições: "A mãe também sofreu durante a infância experiências de abandono físico ou moral e foi rejeitada pela própria mãe[9]".

Só a referência à lei nos permitiu abordar o caos incestuoso. A confusão dos lugares só aparece quando a triangulação é falha; logo, quando ne-

---

[8] A. Criville, "Un acte sexuel d'un adulte avec un enfant est-il toujours un acte de maltraitance?", in *Perspectives psychiatriques*, nº 14/4, 27ᵉ année, 1988, p. 260.

[9] J.-F. Rougier, *L'Inceste à propos de dix-sept cas*, Thèse de médecine, Montpellier, 1973, p. 55.

nhum interdito do incesto articula as relações intrafamiliares. Que organização elabora a família incestuosa para navegar entre uma ruptura psicótica e uma aquém da triangulação? Raramente se observa uma inadaptação social no abusador, o lar familiar lhe serve de exutório. Entretanto, sua superadaptação compensa uma dificuldade de viver em sociedade. Assim, "o desejo de repressão (dos abusadores) e o moralismo deles devem ser compreendidos como uma criação de barreiras, bem frágeis e bem superficiais aliás, contra suas pulsões[10]". Só importa para eles o olhar social. Fundamentalmente, eles fogem da lei social, que só entendem como autoridade e dominação. A adaptação se revela impossível, considerando que a lei refere à problemática da castração. Sob o teto familiar, o abusador institui suas próprias regras, sendo incapaz de se submeter às regras dos mortais. O perímetro de seu todo-poder permanece frágil, ainda mais que essa organização requer uma vigilância constante. Nesse sentido, a sujeição de cada um dos membros da família é apenas organização compensadora. Após a denúncia do incesto, o universo artificial fundado pelo abusador desaba e, com ele, o falso *self*.

A rejeição da lei social faz eco à impossibilidade para esses homens, durante a infância, de integrar a lei psíquica. O pai simbólico faltou e, por conseguinte, o estatuto de pai está foracluído para eles desde a origem. A relação que têm com a lei se apresenta sob três formas: o desconhecimento, a denegação e a instauração de sua própria lei.

O desconhecimento

Ele caracteriza o estado confusional de certos abusadores que não perceberam nem viveram o ato como incestuoso.

O desmentido [désaveu]

O desmentido, defesa especificamente associada a uma organização perversa, repousa num conhecimento da lei, mas com o desejo de contorná-

[10] S. Joly, *Les Structures familiales marginales en Vendée: le cas de l'incesto*, Thèse de doctorat de psychologie, Université Paris X, p. 151.

la. Como sublinha Clavreul, "o perverso não conseguiu experimentar sua solidez ligando-a à sua origem na diferença dos sexos e no interdito do incesto[11]". Desde a infância, a negação ou desmentido da ausência de pênis na mãe impediu que o complexo de castração integrasse a dimensão estruturante da lei para o perverso. O abusador tem consciência do aspecto proibido de seus atos incestuosos, mas, estando escravo de suas pulsões, ele mesmo impõe uma relação de domínio ao outro ao reduzi-lo à sua função de objeto. A ilusão de um sentimento de todo-poder subsiste nele, já que ele se identifica com a lei.

A instauração de sua lei

A família incestuosa não se submete nem às regras sociais nem às regras individuais baseadas no interdito do incesto, mas, como sublinhamos, às regras de um pai totêmico, tirânico, aterrorizador e violento.

Para o abusador, trata-se de impor sua dominação a fim de viver a ilusão de existir não em relação ao outro, mas em relação a si mesmo. R. Dorey associa ao termo domínio o termo impressão, verdadeiro selo da escravidão que encontramos na instauração do sistema incestuoso. A injunção do abusador é: "Só amarás a mim[12]". Subseqüentemente, a vítima fica efetivamente incapaz de amar. O domínio estende sua influência para o futuro. Como sublinha J. Bigras, a vítima sofre por não desejar ou não desejar mais.

O alvo do perverso é o desejo do outro, que ele quer despertar e aniquilar ao mesmo tempo. O sujeito torna-se (de novo) objeto, objeto parcial inscrito na passividade originária. Segundo C.-J. Luquet, "o movimento masoquista vai, portanto, conduzir a filha para uma posição passiva em relação a seu objeto paterno [...] e é esta a base essencial e necessária ao estabelecimento da passividade feminina[13]". A vítima de incesto cala seu não-desejo sob o efeito de sideração de seu eu [*moi*].

---

[11] J. Clavreul, *Le Désir et la Loi*, Paris, Denoël, 1987.

[12] H. Cixous et C. Clément, "Séduction et culpabilité", in *La Jeune-née*, Paris, éd. 10/18, 1975, p. 90.

[13] C.-J. Luquet, "La place du mouvement masochiste dans l'évolution de la femme", in *Revue française de psychanalyse*, tome 21, nº 3, mai-juin 1959, p. 332.

Em sua obra *A violência fundamental*, Jean Bergeret distingue violência e agressividade. Se esta última remete, segundo ele, às pulsões de morte, a violência fundamental teria a ver, por sua vez, com as pulsões de autoconservação. Para sua sobrevivência, o sujeito pode imaginar a eliminação do outro. Ora, o incesto põe em jogo a um só tempo violência fundamental e agressão, já que a vítima deve, num certo sentido, morrer a fim de que o abusador conserve a ilusão de sobreviver. A pulsão de morte se manifesta através do domínio: "A criança é alienada no desejo do outro, que a coloca em posição de objeto absoluto[14]" e de não-vida. A pulsão de vida emerge na tentativa de criar um vínculo filial e afetivo. Meio-mestre, meio-escravo de suas pulsões, o abusador não tem acesso nem à dialética vida-morte, nem à lei do dom. A troca só ocorre no registro das pulsões anais.

Fiorentino levanta uma outra questão que amplia essa problemática: "Não seria o incesto a outra vertente da violência: uma violência erotizada com o objetivo de afeição, ao inverso da violência destruidora?"[15]. Mas, trate-se de uma "violência erotizada" ou de uma "erotização da violência", a vítima sofre uma agressão tanto corporal quanto psíquica.

As interpretações psicanalíticas do mito de Édipo-rei não falam dessa dimensão, no entanto muito presente, da passividade de Jocasta, que "deixa rolar" sem emoção e sem oposição aparente. Aliás, ela restitui a Édipo a sua história com uma facilidade desconcertante: "Uma vez nascida a criança, três dias não tinham transcorrido, e já Laio, amarrando-lhe os calcanhares, mandou que o jogassem num monte deserto[16]". Na teoria kleiniana, essa violência materna exprime a atividade perseguidora do mau seio. Algo de mortífero emana da rejeição materna primária. Cada um dos protagonistas da família incestuosa sucumbe a essa sobrecarga de violência traumatizante. A transmissão dessa violência, por inversão ou identificação com o agressor, assume, segundo Melanie Klein, a seguinte forma: "Os

---

[14] J. Bigras et C. Balasc, "Ce qui se joue dans l'inceste père-fille. Remarque sur une destruction d'identité", in *Nervure*, nº 2, mars 1988, p. 56.

[15] P. Fiorentino, *Le Père incestueux*, Thèse de doctorat de psychologie, *op. cit.*, p. 243.

[16] Sophocle, *Œdipe-Roi*, Paris, éd. Les Belles-Lettres, 1965, p. 98.

desejos inconscientes de morte que a menina sentia por sua mãe são transferidos para sua própria criança quando ela se torna mãe[17]".

Se, na maioria das vezes, as mães permanecem passivas (raras são as que violentam fisicamente sua criança ou exprimem de maneira límpida sua rejeição), o abusador, este, retoma, num modo ativo, o que elas enunciam silenciosamente. O abuso sexual assim faz eco ao traumatismo psíquico precoce e o repete criando o segundo traumatismo, que abre as vias à descompensação.

O paradoxo da rejeição materna é que ela fada a criança não a se desviar dela, mas a se fechar na busca incessante do bom objeto que lhe faltou. É que só pode haver interiorização do objeto ausente quando este é suficientemente bom. São igualmente as conclusões de Bowlby, de Winnicott e de Germaine Guex; para além, somos levados a associar angústia de separação e angústia de morte. Ora, a necessidade de uma fusão ressurge depois de a lei ter imposto rupturas físicas e psíquicas. Então aparecem o que nomeamos angústias de vida: o medo da diferença, da individuação e do desejo.

Ao termo de nossa análise, podemos nos perguntar se o incesto não é o meio mais direto de voltar ao traumatismo originário, já que o ato remete confusamente a uma época em que a criança tecia um eu-pele num vínculo estreito com a atividade corporal que o cercava. A atividade incestuosa se trama em torno de uma relação arcaica com a mãe na qual as sensações táteis predominam.

"Sarah não encontrou junto de mim o lugar onde ela teria podido se 'colar' com toda tranqüilidade. E como podia ela se descolar se não estivera colada em nada? A falha fundamental, *the basic defect*, estaria ligada à ausência de um olhar materno[18]". Julien Bigras aponta assim a deserção materna, fator que favorece o incesto, como "um incesto vazio". Essa atitude materna atinge diretamente o ser feminino, constantemente desqualificado.

---

[17] M. Klein et J. Rivière, *L'Amour et la Haine*, trad. franc. A. Stronck, Paris, P.B.P., 1984, p. 109.

[18] J. Bigras, *La Folie en face*, *op. cit.*, p. 57.

Conclusão

Contar o incesto, revelá-lo, é, para a vítima, encontrar referências através da linguagem, poder simbolizar o que não podia ser simbolizado na origem. Durante a passagem no tribunal, a fala se liberta de uma organização mortífera, especular, e a um só tempo desperta ou reativa angústias de morte ligadas ao temor ou à incapacidade de assumir a vida; logo, de escapar do domínio do abusador. Uma ajuda psicológica se impõe a fim de conter a urgência da crise; entretanto, o trabalho terapêutico não deve acontecer na repetição nociva de uma dependência anaclítica já enraizada. Por isso é que a iniciativa psicoterápica deve visar o aprendizado da capacidade de ser só.

Atualmente, uma vítima de incesto pode dar queixa em três lugares diferentes: um tribunal que retém a noção jurídica de crime, atentado ao pudor, etc; uma associação em que só a realidade do ato é entendida, ou consultar um terapeuta. Não existem muitas comunicações entre os três. Ora, fica bem claro que o traumatismo só pode ser elaborado plenamente articulando e distinguindo a dimensão fantasmática (culpabilizante demais) e a realidade. Para isso, é preciso compreender que a passagem ao ato incestuoso se inscreve num aquém da problemática edipiana. O acesso ao complexo de Édipo simboliza o abandono pelo sujeito do vínculo incestuoso com o objeto primário; ao inverso, a realidade incestuosa sublinha essa ausência de renúncia. Em outros termos, o incesto não é uma fantasia encenada, resulta de uma ausência de colocação em fantasia. Por conseguinte, a fantasia incestuosa seria, antes, a garantia de sua não-realização.

O sintoma incestuoso teceu-se e ampliou-se lentamente ao longo das gerações que precederam sua encenação. Na criança, portadora de um conflito transgeracional, repete-se uma parte da problemática parental e de uma transmissão sem diferenciação. Cada um reconhece no outro um duplo de si na medida em que o vivido carencial de uns faz eco aos sofrimentos íntimos de outros. O sistema é simultaneamente especular, circular e mortífero.

A questão do desejo, ou antes, do não-desejo de criança está implícita na problemática familiar. Por outro lado, o desejo incestuoso subentende o de uma volta ao ventre materno. A origem da busca infantil se inscreve numa impossível renúncia ao vínculo fusional, e isso com mais freqüência quando a relação primária foi insuficientemente gratificante. Não se ter sentido desejado ou não ter vivido a ilusão de preencher o desejo materno suscitaria a ilusão de que o incesto poderia compensar essa falta. O incesto seria, portanto, a tentativa de tornar presente uma ilusão materna profundamente ausente. Nesse sentido, ele criaria a ilusão do desejo de ser desejado pela mãe. Está aí provavelmente todo o paradoxo do incesto.

A psicanálise sempre teve tendência a velar a questão do não-desejo e mais ainda a da violência materna que a ele se liga e se traduz pela rejeição da vida da criança como ser de desejo. Essa violência originária exacerbada separaria de modo muito brutal realidade psíquica e realidade exterior, tão estreitamente confundidas no bebê numa situação normal. Assim, de imediato, a relação com o objeto é vivida numa vertente negativa, até mesmo persecutória; em todo caso, como angustiante. O olhar materno frio demais cava na criança uma falha narcísica que fragiliza o conjunto de sua personalidade. Para retomar o pensamento de Germaine Guex, separando um tipo particular de neurose, a neurose de abandono, nós não consideramos a problemática incestuosa do lado da neurose, mas como vínculo com uma impossível separação da mãe, vínculo que Germaine Guex identifica como causa primeira dos sintomas a vir. O vínculo de abandono, tal como o definimos, inscreve-se como uma organização paradoxal e vital, visando manter à distância uma descompensação psicótica; o objetivo das vítimas de incesto é colar-se à mãe, isto é, ao desejo, a fim de não reviver mais a experiência prematura da separação, com seu cortejo de violências. O desejo incestuoso, se existe, apresenta-se como o desejo da volta a um ventre materno, reconfortante, embalando de amor sua descendência. Nesse vínculo em que o desejo e a fantasia se acasalam, situa-se o incesto arcaico. No mais profundo do vínculo mãe-criança, quando o estado fusional predomina, nasce o primeiro tempo daquilo que, no só-depois, vai se tornar o desejo incestuoso.

Por causa da necessidade biológica e psíquica de dever viver um vínculo estreito com sua mãe que todo bebê conhece, a ele se coloca o enigma do incesto tal como a Esfinge o apresenta a Édipo. O incesto arcaico seria uma realidade que se reconstruiria durante a fase edipiana. Antes, domina o narcisismo mais primário: o narcisismo original. O corpo a corpo dos primeiros meses da vida se inscreve, portanto, no registro do impensável e do a-sensato. É apenas no só-depois que toma corpo, pelo acesso ao simbólico, aquilo que outrora tinha a ver com a confusão dos sentidos.

Como a criança age para resolver o enigma do incesto? Mais que a própria sedução materna, com certeza são seus efeitos e, portanto, o trajeto dessa sedução que poderiam trazer uma resposta. Entretanto, o complexo de Édipo nos esclarece na medida em que mostra como, *a posteriori*, se distribuem os agenciamentos incestuosos arcaicos. Porém o que caracteriza o Édipo é a triangulação; ora, o estado fusional se situa aquém.

Uma outra via de investigação se abre quando nos debruçamos sobre o que despertam a morte e o luto da mãe. Sabemos que a maioria dos escritores, principalmente as autoras, só consegue exprimir o vínculo que a une à mãe quando esta faleceu. O mesmo certamente é valido para todo sujeito. Assim, só quando o objeto real desaparece é que pode surgir essa parte da relação fusional que se instaurou desde o nascimento. Não se trata unicamente, no processo de luto, de apoderar-se novamente do objeto ausente, nem mesmo dessa parte do eu [*moi*] deixada no outro, mas de remodelar o vínculo impensável ou o vínculo incestuoso e carnal que cada um sentiu em seu corpo. Um corpo que conserva um rastro indelével desse momento originário.

O enigma da vida passa pelo enigma materno. Freud fala da mulher como um continente negro, outros evocam a mãe como um paraíso branco; definitivamente, o enigma materno permanecerá fascinante e inesgotável – é a sua força.

Fontes

ALDEMAR J.-L., "Collaboration du magistrat et des experts en matière d'attentats aux mœurs", in *Annales de médecine légale*, tome 41, nº 1, 1961, pp. 84-89.

ANDRIEUX-LE GUIRRIEC J. *et al.*, "Filiation para-incestueuses", in *Annales médico-psychologiques*, vol. 139, nº 7, 1981, pp. 833-837.

ANZIEU D., "Le double interdit du toucher", in *Nouvelle Revue de Psychanalyse*, nº 29, printemps 1984, pp. 173-189.

ARIÈS P., (1960) *L'Enfant et la vie familiale sous l'Ancien Régime*, Paris, éd. du Seuil, 1973.

BADINTER E., *L'Amour en plus*, Paris, Flammarion, 1980.

BALMARY M., *L'Homme aux statues*, Paris, Grasset, 1979.

• *Le Sacrifice interdit*, Paris, Grasset, 1986.

BERGERET J., *La Violence fondamentale*, Paris, Dunod, 1984.

BERNARD P., *Des attentats à la pudeur sur les petites filles*, Paris, Octave Doin, 1886.

BERSIHAND G., *Les Filles et leurs pères*, Paris, Robert Laffont, 1987.

BERTRAND M., "La séduction dans la littérature psychanalytique", in *Études freudiennes*, nº 4, mars 1986, pp. 129-158.

LA BIBLE – L'Ancien Testament, Paris, Gallimard, 1956.

BIGOURDAN P., *Viol à domicile. La loi du silence*, Neuchâtel, Delachaux et Niestlé, 1989.

BIGRAS E., "Traitement psychanalytique des victimes de l'inceste père-fille", in *Nervure*, nº 2, mars 1988, pp. 64-65.

BIGRAS J., “À propos de ces adorables jeunes filles incestueuses et perverses; un rendez-vous avec la mort”, in *Revue française de psychanalyse*, tome 47, nº 1, janv.-fév. 1983, pp. 433-435.

• *La Folie en face*, Paris, Robert Laffont, 1986.

BIGRAS J. et BALASC C., “Ce qui se joue dans l’inceste père-fille. Remarque sur une destruction d’identité”, in *Nervure*, nº 2, mars 1988, pp. 54-64.

BOUDAILLE J.-C, *Les Enfants issus de relations incestueuses. Étude synthétique et apport de douze observations*, Thèse de médecine, Nancy I, 1974.

BOWLBY J., *Attachement et perte*, vol. I (1969): *L’attachement*, tr. fr. J. Kalmanovitch, Paris, Le Fil Rouge, PUF, 1978.

• *Attachement et perte*, 1973, vol. II: *La séparation: angoisse et colère*, tr. fr. B. de Panafieu, Paris, Le Fil Rouge, PUF, 1978.

BROUARDEL P., *Les attentats aux mœurs*, Paris, Corbeil, 1909.

BRUNSWICK R. Mack, “La phase préœdipienne du développement de la libido”, in *Revue française de psychanalyse*, tome 31, nº 2, 1967, pp. 267-291.

CAPDENAC M., “L’état de grâce”, in *Les Lettres françaises*, nº 1384, 5-11 mai 1971, pp. 17-18.

CHABERT C., “Deux ou trois contes que je sais d’elles... Réalité et fantasmes de séduction à l’adolescence”, in *Revue Française de Psychanalyse*, tome 51, nº 3, 1987, pp. 983-998.

CHASSEGUET-SMILGEL J., *L’idéal du moi*, Paris, Tchou, 1975.

CHILAND C., “L’interdit de l’inceste comme fondateur du groupe social et organisateur de la psyché”, in *Nouvelle revue d’ethno-psychiatrie*, tome 3, 1985, pp. 15-20.

CIXOUS H. et CLÉMENT C., “Séduction et culpabilité”, in *La Jeune-née*, Paris, éd. 10/18, 1975, pp. 79-108.

CLAVREUL J., “Le pervers et la loi du désir”, in *L’Inconscient*, nº 2, avril 67, pp. 75-88.

• *Le Désir et la Loi*, Paris, Denoël, 1987.

CLERGET J., *Être père aujourd’hui*, Lyon, Chronique sociale, 1979.

CLERGET J., et M.-P., *Place du père, violence et paternité*, Lyon, éd. Champs, P.U.L., 1992.

Code Pénal, Paris, Dalloz, 1990.

CRIVILLE A., “Un acte sexuel d’un adulte avec un enfant est-il toujours un acte de maltraitance?”, in *Perspectives psychiatriques*, nº 14/4, 27e année, 1988, pp. 259-262.

DOR J., *Le Père et sa fonction en psychanalyse*, Paris, Point Hors Ligne, 1989.

DOREY R., "La relation d'emprise", in *Nouvelle Revue de Psychanalyse*, nº 24, automne 1981, pp. 117-139.

FERENCZI S., "Confusion de langue entre les adultes et l'enfant", in *Psychanalyse, œuvre complète*, tome 4 (1927-1933), Paris, Payot, 1970-1982, pp. 125-135.

FIORENTINO P., *Le Père incestueux*, Thèse de doctorat de psychologie, U.E.R. des Sciences Humaines et Cliniques, Université Paris VII, 1971.

freud s.,

- 1887-1902: *Naissance de la psychanalyse. Lettres à Wilhelm Fliess, notes et plans (Aus den Anfängen der Psychoanalyse)*, tr. fr. A. Berman, Paris, PUF, 1956.
- 1896: "Sur l'étiologie de l'hystérie" (*Zur Âtiologie des Hysterie*), in *Névrose, psychose et perversion*, tr. fr. J. Bisssery et J. Laplanche, Paris, PUF, 1973, pp. 83-112.
- 1912: *Totem et Tabou* (*Totem und Tabu*), tr. fr. S. Jankélévitch, Paris, PBP, 1980.
- 1917: *Introduction à la psychanalyse* (*Vorlesungen zur Einfübrung in die psychanalyse*), tr. fr. S. Jankélévitch, Paris, PBP, 1962.
- 1919: "Un enfant est battu" (*Ein Kind wird geschlagen*), in *Névrose, Psychose et Perversion*, tr. fr. D. Guerineaul, Paris, PUF, 1981, pp. 219-244.
- 1920: *Au-delà du principe de plaisir*, (*Jenseis des Lustprinzips*) in *Essais de Psychanalyse*, tr. fr. S. Jankélévitch, Paris, Payot, 1951.
- 1923: "La disparition du complexe d'Œdipe", in *La Vie sexuelle*, tr. fr. J. Laplanche, Paris, PUF, 1969.
- 1926: *Inhibition, symptôme et angoisse* (*Hemmung, Symptom und Angst*), tr. fr. M. Tort, Paris, PUF, 1990.
- 1932: *Nouvelles conférences d'introduction à la psychanalyse* (*Neue Folge der Vorlesungen zur Einführung in die Psychoanalyse*), tr. fr. R.M. Zeitlin, Paris, Gallimard, 1984.

GETTI J.-P., "L'inceste père-fille. Le rôle du juge", in *Revue médicale et enfance*, déc. 1986, pp. 483-488.

GREEN A., *Narcissisme de vie, narcissisme de mort*, Paris, éd. de Minuit, 1983.

- *Le Complexe de castration*, Paris, PUF, coll. Que sais-je?, 1990.

GUEX G., *Le Syndrome d'abandon*, Paris, PUF, 1950.

GUY-GILLET G., "L'inceste à travers les métamorphoses de l'âne et ses symboles", in *Cahiers de psychologie jungienne*, nº 4, fév. 1975, pp. 5-16.

GUYOTAT J., et AUDRAS M., "Économie dépressive et filiations", in *Revue française de psychanalyse*, vol. 40, tome 2, nº 5-6, 1976, pp. 1073-1080.

HOCHMANN J., *Pour une psychiatrie communautaire*, Paris, éd. du Seuil, coll. Esprit, 1971.

IMBERT J., *Le Droit antique et ses prolongements modernes*, Paris, PUF, coll. Que sais-je? 1976.

IOUALALEN A., *Contribution à l'étude de l'inceste à propos de 25 cas*, Thèse de doctorat de médecine, Marseille, 1980.

JARRY A. *et al.*, *Le Sujet et la Loi*, Colloque des 13-14 juin 1987, à la Sorbonne, Toulouse, éd. Erès, 1988.

JOLY S., *Les Structures familiales marginales en Vendée: le cas de l'inceste*, Thèse de doctorat de psychologie, Université Paris X, 1981.

KELLEY-LAINÉ K., "Une mère, une terre, une langue. La place de la relation mère/enfant dans la psychanalyse hongroise", in *Le Coq-Héron*, "L'héritage Ferenczi", nº 125, 1992, pp. 53-56.

KLEIN M. et RIVIERE J., *L'Amour et la Haine*, tr. fr. A. Stronck (1973), Paris, PBP, 1984.

lacan j.,

- (1966) "D'une question préliminaire à tout traitement possible de la psychose", in *Écrits*, tome II, Paris, éd. du Seuil, pp. 43-102.
- *Les Complexes familiaux dans la formation de l'individu*, Paris, Navarin, 1984.

LACASSAGNE A., "Marche de la criminalité en France de 1825 à 1880", in *Revue scientifique*, 1881, pp. 1-34.

LAPLANCHE J., "De la théorie de la séduction restreinte à la théorie de la séduction généralisée", in *Nouveaux Fondements pour la psychanalyse* (1987), Paris, PUF, 1990, pp. 103-148.

LAPLANCHE J. ET PONTALIS J.-B., *Fantasme originaire, fantasme des origines, origine du fantasme* (1964), Paris, Hachette, 1985.

LEGENDRE P., *Le Dossier occidental de la parenté*, Paris, Fayard, 1988.

LIBÉRATION, "Inceste: un procès d'assises sur cinq", 10 de julho de 1992.

LUQUET C.-J. "La place du mouvement masochiste dans l'évolution de la femme", in *Revue française de psychanalyse*, tome 21, nº 3, mai-juin 1959, pp. 305-336.

MALCOLM J., *Tempête aux archives Freud*, tr. fr. P.-E. Dauzar, Paris, PUF, 1986.

MALINOWSKI B., *La Sexualité et sa répression dans les sociétés primitives* (1927), tr. fr. S. Jankélévitch, Paris, PBP, 1976.

MARTIMOR E., "Les "filiations honteuses". Leur rôle dans la détermination de certains délits", in *Annales médico-psychologiques*, tome 2, nº 3, 1968, pp. 343-350.

MASSON J.M., *Le Réel escamoté: le renoncement de Freud à la théorie de la séduction*, tr. fr. C. Monod, Paris, Aubier, 1984.

M6, le 23 juillet 1991, "L'inceste", *Le Glaive et la Balance.*

PANOFF M. et PERRIN M., *Dictionnaire de l'ethnologie*, Paris, PBP, 1973.

RACAMIER P.-C., *Les Schizophrènes*, Paris, PBP, 1980.

• "Autour de l'inceste", in *Gruppo*, nº 7, "Le familial et le sexué", Paris, éd. Apsygée, 1991, pp. 49-65.

ROBERT (Le), *Dictionnaire de la langue française*, Paris, éd. Le Robert, 1987, tome 5, pp. 468-469; tome 8, pp. 670-673.

ROUGIER J.-F., *L'Inceste à propos de 17 cas*, Thèse de médecine, Montpellier, 1973.

RUFFIOT A., "Famille cherche scène primitive tolérable", in *Gruppo*, nº 7, "Le familial et le sexué", Paris, éd. Asygée, 1991, pp. 99-114.

SABOURIN P., "L'héritage suspendu", in *Le Coq-Héron*, "L'héritage Ferenczi", nº 125, 1992, pp. 36-39.

SOHN A.-M., "Les attentats à la pudeur sur les fillettes et la sexualité quotidienne en France (1870-1939)", in *Violences sexuelles*, Paris, éd. Imago, 1989, pp. 71-113.

SOPHOCLE, *Œdipe-Roi*, tr. fr. P. Mazon, Paris, Les Belles-Lettres, 1965.

TARDIEU A., *Études médico-legales sur les attentats aux mœurs*, Paris, J. & B. Baillère éd., 1867.

THIBAUDIER V., "La notion de Grande Mère dans l'optique jungienne", in *Cahiers jungiens de psychanalyse*, nº 57, 2e trimestre 1988, pp. 1-16.

THIS B., *Le Père: acte de naissance*, Paris, éd. du Seuil, 1980.

TISSOT O. de, "L'inceste", in *La Liberté sexuelle et la loi*, Paris, éd. Balland, 1984, pp. 178-187.

VASSE D., *L'Ombilic et la voix*, Paris, éd. du Seuil, 1974.

• *Un parmi d'autres*, Paris, éd. du Seuil, 1978.

VUPRAS J.-L., *Réponse médico-judiciaire à 256 plaintes d'attentats sexuels*, Thèse de médecine, Lyon I, 1981.

WINNICOTT D.W., *Processus de maturation chez l'enfant*, tr. fr. J. Kalmanovitch, Paris, Payot, 1970.

• *L'Enfant et sa famille*, tr. fr. A. Stronck-Robert, Paris, PBP, 1981.

ZAZZO R., *L'Attachement* (1974), Neuchâtel, Delachaux et Niestlé, 1979.

Anexos

Estatísticas de uma pesquisa
ver página 59 e seguintes

Número de dossiês julgados

Anos	Tribunal correcional	Tribunal do júri	Total
1987	12	3	15
1988	9	1	10
1989	8	2	10
1990	9	9	18
Total	38	15	53

Vínculo de parentesco com a vítima

	Atentados	Estupros	Total
Pai	25	9	34
Padrasto	8	3	11
Tio	4	1	5
Avô	1	1	2
Total	38	14	52

Vínculo de parentesco com o acusado

	Atentados	Estupros	Total
Filha	27 nº 29 – 3 vítimas	10 nº 11 – 2 vítimas	37
Enteada	9 nº 13 – 2 vítimas	6 nº 9 – 3 vítimas nº 12 – 2 vítimas	15
Sobrinha	6 nº 6 – 3 vítimas	1	7
Neta	1	2 nº 6 – 2 vítimas	3
Total	43	19	62

Repartição por faixa etária e vínculo de parentesco

		Atentados	Estupros	Total
Pai	Antes de 30 anos	2	0	2
	De 30 a 40 anos	18	7	25
	De 41 a 51 anos	5	2	7
Padrasto	Antes de 30 anos	4	3	7
	De 30 a 40 anos	2	0	2
	De 41 a 51 anos	2	0	2
Tio	Antes de 25 anos	2	0	2
	De 30 a 40 anos	2	1	3
	De 41 a 51 anos	0	0	0
Avô	De 30 a 40 anos	0	1	1
	De 41 a 51 anos	1	0	1

Pessoa alcoolista ou violenta

	Atentados	Estupros	Total
Alcoolista	18	5	23
Violento	18	8	26

Estado e comportamento do acusado durante os fatos

	Atentados	Estupros	Total
Sem álcool	30	11	41
Sem violência	30	5	35
Ameaças de violência	3	3	6

Segredo – silêncio

	Atentados	Estupros	Total
Pedido pelo pai	14	6	20
Por medo da violência do pai	10	6	16
Ameaças do pai	6	8	14
Medo de perder o amor parental bem como de uma fragmentação da família	6	7	13
Dinheiro/presentes	6	1	7
Vergonha	4	2	6
"É normal"	3	1	4
Não guardado	3		3
Consentimento	2		2

Idade da vítima durante o primeiro ato incestuoso

	Atentados	Estupros	Total
1 a 5 anos	9	1	10
6 a 9 anos	12	10	22
10 a 12 anos	11	7	18
13 a 16 anos	11	2	13
Total	43	20	63

Duração do incesto

	Atentados	Estupros	Total
Uma vez	9	2	11
Algumas vezes	6	1	7
Alguns meses	7		7
1 ano	1	1	2
2 anos	6		6
3 anos	4	3	7
4 anos	1	2	3
5 anos	1	1	2
6 anos	4	2	6
7 anos		3	3
8 anos	1	2	3
9 anos	3	1	4
+ de 10 anos		2	2

Lugar da mãe durante os fatos

	Atentados	Estupros	Total
Mãe presente	3	1	4
Mãe ausente	31	11	42
Mãe às vezes no apartamento	4	2	6

A mãe tinha conhecimento do incesto?

	Atentados	Estupros	Total
Sim	9	5	14
Tinha suspeitas	4	3	7
Não	25	5	30

Índice das noções

S

T

V

Companhia de Freud editora

OBRAS PUBLICADAS

Psicanálise e Tempo
Erik Porge

Psicanálise e Análise do Discurso
Nina Leite

Letra a Letra
Jean Allouch

Mal-Estar na Procriação
Marie-Magdeleine Chatel

Marguerite ou "A Aimée" de Lacan
Jean Allouch

Revista Internacional nº 1
A Clínica Lacaniana

A Criança na Clínica Psicanalítica
Angela Vorcaro

A Feminilidade Velada
Philippe Julien

O Discurso Melancólico
Marie-Claude Lambotte

A Etificação da Psicanálise
Jean Allouch

Roubo de Idéias?
Erik Porge

Os Nomes do Pai em Jacques Lacan
Erik Porge

Revista Internacional nº 2
A Histeria

Anorexia Mental, Ascese, Mística
Éric Bidaud

Hitler – A Tirania e a Psicanálise
Jean-Gérard Bursztein

Littoral
A Criança e o Psicanalista

O Amor ao Avesso
Gérard Pommier

Paixões do Ser
Sandra Dias

A Ficção do Si Mesmo
Ana Maria Medeiros da Costa

As Construções do Universal
Monique David-Ménard

Littoral
Luto de Criança

Trata-se uma Criança – Tomos I e II
Congresso Internacional de Psicanálise e suas Conexões – Vários

O Adolescente e o Psicanalista
Jean-Jacques Rassial

— Alô, Lacan?
— É claro que não.
Jean Allouch

A Crise de Adolescência
Octave Mannoni e outros

O Adolescente na Psicanálise
Raymond Cahn

A Morte e o Imaginário na Adolescência
Silvia Tubert

Invocações
Alain Didier-Weill

Um Percurso em Psicanálise com Lacan
Taciana de Melo Mafra

A Fantasia da Eleição Divina
Sergio Becker

Lacan e o Espelho Sofiânico de Boehme
Dany-Robert Dufour

O Adolescente e a Modernidade – Tomos I, II e III
Congresso Internacional de Psicanálise e suas Conexões – Vários

A Hora do Chá na Casa dos Pendlebury
Alain Didier-Weill

W. R. Bion – Novas Leituras
Arnaldo Chuster

Crianças na Psicanálise
Angela Vorcaro

O Sorriso da Gioconda
Catherine Mathelin

As Psicoses
Philippe Julien

O Olhar e a Voz
Paul-Laurent Assoun

Um Jeito de Poeta
Luís Mauro Caetano da Rosa

Estética da Melancolia
Marie-Claude Lambotte

O Desejo do Psicanalista
Diana S. Rabinovich

Os Mistérios da Trindade
Dany-Robert Dufour

A Equação do Sonhos
Gisèle Chaboudez

Abandonarás teu Pai e tua Mãe
Philippe Julien

A Estrutura na Obra Lacaniana
Taciana de Melo Mafra

Elissa Rhaís
Paul Tabet

Ciúmes
Denise Lachaud

Trilhamentos do Feminino
Jerzuí Tomaz

Gostar de Mulheres
Autores diversos

Os Errantes da Carne
Jean-Pierre Winter

As Intervenções do Analista
Isidoro Vegh

Adolescência e Psicose
Edson Saggese

O Sujeito em Estado Limite
Jean-Jacques Rassial

O que Acontece no Ato Analítico?
Roberto Harari

A Clínica da Identificação
Clara Cruglak

A Escritura Psicótica
Marcelo Muniz Freire

Os Discursos e a Cura
Isidoro Vegh

Procuro o Homem da Minha Vida
Daniela Di Segni

A Criança Adotiva
Nazir Hamad

Littoral
O Pai

O Transexualismo
Henry Frignet

Psicose, Perversão, Neurose
Philippe Julien

Como se Chama James Joyce?
Roberto Harari

A Psicanálise: dos Princípios
Ético-estéticos à Clinica
W.R. Bion – Novas Leituras

O Significante, a Letra e o Objeto
Charles Melman

O Complexo de Jocasta
Marie-Christine Laznik

O Homem sem Gravidade
Charles Melman

O Desejo da Escrita em Ítalo Calvino
Rita de Cássia Maia e Silva Costa

O Dia em que Lacan me Adotou
Gérard Haddad

Mulheres de 50
Daniela Di Segni e Hilda V. Levy

A Transferência
Taciana de Melo Mafra

Clínica da Pulsão
Diana S. Rabinovich

Os Discursos na Psicanálise
Aurélio Souza

Littoral
O Conhecimento Paranóico

Revista Dizer - 14
A medicalização da dor

Neurose Obsessiva
Charles Melman

A Erótica do Luto
Jean Allouch

Um Mundo sem Limite
Jean-Pierre Lebrun

Comer o Livro
Gérard Haddad

Do Pai à Letra
Hector Yankelevich

A Experiência da Análise
Norberto Ferreyra

A Fadiga Crônica
Pura H. Cancina

O Desejo Contrariado
Robert Lévy

Psicanálise de Crianças Separadas
Jenny Aubry

Lógica das Paixões
Roland Gori

Um Narrador Incerto, entre o Estranho e o Familiar
Lucia Serrano Pereira

Gide-Genet-Mishima
Catherine Millor

Dependência Química na Adolescência
Hélio Fernandes Mattos

O Sexo Conduz o Mundo
Colette Chiland

Um Homem de Palavra
Nazir Hamad

A Arte de Reduzir as Cabeças
Dany-Robert Dufour

Poetas, Crianças e Criminalidade... Sobre Jean Genet
Alba Flesler / Claudio Martyniuk / Fernando Sabsay / Isidoro Vegh

A Paixão do Sujeito Freudiano
Bernard Penot

Clínica Lacaniana: As Homossexualidades, Revista Internacional n. 2

A Escola do Sujeito
Claude Dumézil

A Significação do Falo
Diana Rabinovich

A Angústia e o Desejo do Ouro
Diana Rabinovich

O Próximo
Isidoro Vegh

Sombra do Teu Cão
Jean Allouch

Crueldade no Feminino
Sophie de Mijolla-Mellor e Julia Kristeva

A Descoberta de João
Marcelo Pio da Costa

Separações Necessárias
Emilio Rodrigué

Os Nomes Indistintos
Jean-Claude Milner

Lacaniana I
Moustapha Safouan

Psicanálise e Saúde Mental
Sonia alberti e Ana Cristina Figueiredo (org.)

O Caminhante Analítico
Victor Smirnof

Figuras do Real
Ginette Michaud

Do Amor do Outro ao Amor de Si
Patrick Delaroche

A Topografia de Lacan
Jean-Paul Gilson

O Conhecimento Paranóico
Revista Litoral

Letra e Pulsão de Morte
André Green

Enigma do Incesto
Laure Rozen

O Inferno do Dever
Denise Lachaud

A Quarta Mulher
Paul Tabet

Lacaniana II
Moustapha Safouan

Dez Conferências de Psicanálise
Moustapha Safouan

Estados de Abandono
Jacques André

Transferência e Estados Limites
Jacques André

Da Paixão
Jacques André

A Anatomia da Terceira Pessoa
Guy Le Gaufey

A Criança no Espelho
(Freud Wallon Lacan)
Émile Jalley

A Violência na Adolescência
Pierre Kamerer

Para uma Clínica do Real
Isidoro Vegh

O Fracasso do Fantasma
Silvia Amigo

As Figuras do Real
Patrick Delaroche

A ambivalência Materna
Michele Benhaim

Oriente Médio: Povos Autoritários
Sociedades Bloqueadas
Philippe Draz Vincent

Dicionário da Sexualidade Humana
Philippe Brenot

Dicionário da Justiça
Löic Cadiet

O Jornalista e seu Poder
Gerard Spitéri

Michel Foucault: a Inquietude da História
Mathieu Potte-Bonneville

O Sexo do Mestre
Jean Allouch

Psicoterapia-Psicanálise-Didática 1 - debates
Analyse Freudienne Presse

Psicoterapia-Psicanálise-Didática 2 - debates
Analyse Freudienne Presse

A Pulsão de Morte
Michel Plon (org.)

A Crueldade no Feminino
Sophie de Mijolla-Mellor

Por Que Não Há Relação Sexual?
Roberto Harari

A Saúde Totalitária
Roland Gori

A Morte de Deus
Dany-Robert Dufour

O Espelho do Artista
Yolanda Freyre

Nietzsche e o Demônio do Meio-dia
Jean-Baptiste Botul

Fim da Picada
Guilherme Knabb
Mariana Friedheim

Psicanálise de Pais
Durval Checchinato

Separações Necessárias
Emilio Rodrigué

Reflexões Sobre a Questão Gay
Didier Eribon

"Inseto"
Claire Castillon

A Lógica do Gênero
Laure Murat

No Reino das Mulheres
Irène Frain

O Inestimável Objeto
da Transmissão
Pierre Legendre

Impresso por:

Edil
Artes Gráficas

Tel/Fax: (21) 2159 7979
E-mail: edil@edil.com.br